高等学校博士学科点专项科研基金联合资助课题：装备产品开放式创新中的用户创新整合研究（20122121120011）

# 装备制造业产品集成创新模式与选择研究

王世明　著

中国财经出版传媒集团

经济科学出版社

Economic Science Press

图书在版编目（CIP）数据

装备制造业产品集成创新模式与选择研究/王世明
著. -- 北京：经济科学出版社，2023.2
ISBN 978 - 7 - 5218 - 4564 - 8

Ⅰ.①装… Ⅱ.①王… Ⅲ.①装备制造业 - 技术革新
- 研究 - 中国 Ⅳ.①F426.4

中国国家版本馆 CIP 数据核字（2023）第 034338 号

责任编辑：李 雪
责任校对：李 建
责任印制：邱 天

**装备制造业产品集成创新模式与选择研究**
王世明 著
经济科学出版社出版、发行 新华书店经销
社址：北京市海淀区阜成路甲 28 号 邮编：100142
总编部电话：010 - 88191217 发行部电话：010 - 88191522
网址：www. esp. com. cn
电子邮箱：esp@ esp. com. cn
天猫网店：经济科学出版社旗舰店
网址：http://jjkxcbs. tmall. com
固安华明印业有限公司印装
710 × 1000 16 开 16.5 印张 220000 字
2023 年 2 月第 1 版 2023 年 2 月第 1 次印刷
ISBN 978 - 7 - 5218 - 4564 - 8 定价：82.00 元

# 前 言
PREFACE

随着我国装备制造业逐步实现从规模增长向质量提升的转型变化，创新速度也在不断加快。一个企业甚至一个国家不可能进行所有相关技术的研发和独立发展，它逐渐成为创新生态系统价值网络中的某一环节，与其他个体处于一种竞合的状态。在此背景下，如何快速和有效地开发新产品、缩短开发时间、满足不同用户的特定需求，对优势资源的"集成"日显重要。集成创新已成为装备制造业实现自主创新、加快技术追赶进程的重要途径，模式也呈现多样化。当前，数字技术和经济全球化扩展了新创意来源的范围，及时地选择和执行合适的创意并将它们成功产业化，显得更加重要。随着技术的迅速发展和市场需求的变化加速，为了更加有效地集成产品价值链上的各种创新资源，快速提升企业自身的技术能力和市场竞争力，集成创新已成为技术创新管理的新范式而受到重视，并成为国家创新战略中自主创新的重要实现形式。

装备制造业是为国民经济和国防建设提供技术装备的基础性产业。但由于装备产品在技术构成和产品架构方面具有典型的复杂产品系统特征，创新行为不同于一般产品，这使装备制造企业

1

有效地开展集成创新正面临模式选择的问题。对集成创新的研究引起了学术界的广泛关注：一方面，本土化的集成创新研究虽已大量存在，学术界和产业界不断涌现出了"分布式创新""全面创新管理"以及"开放式创新"等相关的研究和实践，但尚未对集成创新模式进行深入的探讨；另一方面，在国家提出振兴装备制造业的大背景下，对装备产品集成创新的模式的探讨更具价值，产业界也亟需相关的理论进行指导。

因此，本书在国家深入实施创新驱动发展战略背景下，从理论分析和测度指标两个方面进行了创新，采用理论研究、案例研究与统计分析相结合的方法，以装备产品为研究对象，研究了装备产品集成创新模式的划分、关键因素识别及模式选择问题。在对装备产品集成创新的概念、内涵进行全面深入的研究的基础上，从技术依存度和模块化程度两个维度，提出了架构设计型、模块更替型、内部一体化型以及许可改进型四种集成创新模式，分析了装备产品集成创新模式的形成过程的作用机理，得出市场知识能力、模块化、技术吸收以及内部集成等对装备产品集成绩效影响显著，并在此基础上，提出了模式选择的原则和依据，指导本土企业根据自身能力、产品特点等环境因素相机选择适宜的集成创新模式，从而能够为推动装备制造企业通过有效地运用集成创新实现自主创新提供必要的理论指导和管理支持，为政府部门制定产业发展政策提供决策依据。

CONTENTS ▷

目　　录

# 第1章

# 绪　　论

模式是对自然界中某类重复出现问题的经验总结和归纳。集成创新已成为装备制造业实现自主创新、加快技术追赶进程的重要途径，模式也呈现多样化。由于装备产品在技术构成和系统架构等方面的复杂性，使企业有效地开展集成创新正面临模式合理选择的问题。因此，为促进装备制造企业集成创新模式的合理选择和自主创新能力的成长，对本土装备产品集成创新模式的探索显得日益迫切。

## 1.1　研究的背景与意义

### 1.1.1　现实背景

当前，数字技术和经济全球化扩展了新创意来源的范围，及时地选择和执行合适的创意并将它们成功产业化，显得更加重要。21 世纪初以来，随着人工智能等技术的迅速发展和市场需求的变化加速，一个企业甚至一个国家不可能进行所有相关技术的研发和独立发展，它逐渐成为创新生态系统价值网络中的某一环节，与其他个体处于一种竞合的状态。在此背景下，如何快速和有效地开发新产品、缩短开发时间、满足不同用户的特定需求，对优势资源的"集成"日显重要。对此，学术界和产业界不断涌现出了"技术集成""分布式创新""全面创新管理"以及"开放式创新"等相关的研究和实践，其目的都是为了更加有效地集成产品价值链上的各种创新资源，快速提升企业自身的技术能力和市场竞争力，这使集成创新已成为技术创新管理的新范式而日益受到重视，并成为国家创新战略中自主创新的重要实现形式。

装备制造业是为国民经济和国防建设提供技术装备的基础性产业。技术引进对我国装备制造业的技术追赶和发展发挥了重要作用，然而，随着技术的成功引进和企业能力的成长，技术引进的"天花板"效应逐步显现，同时，在从技术引进、消化吸收到自主创新的发展过程中，企业技术能力的成长面临着由引进拉动转向创新驱动的挑战（张米尔、田丹，2008）。在创新资源和技术基础处于弱势地位的背景下，中国企业面临着缩小技术差距的严峻挑战。路甬祥（2002）指出，装备制造业整体能力和水平决定各国的经济实力、国防实力、综合国力和在全球经济中的竞争与合作能力，甚至决定发展中国家实现现代化和民族复兴的进程。目前，中国正处于工业化的进程中，面临着环保问题等因素的制约，使位于低端市场、靠低附加值生存的中国制造难以获得持续和健康的发展。同时，由于各种资本在全球的极大流动性，任何技术创新所能带来的模仿壁垒和垄断利润都在快速下降。这种相对同质化的竞争让低成本创新成为任何企业参与竞争的必要条件，这也成为本土装备制造业未来可以获得发展的最根本基础。

装备产品包含许多子系统和元件，涉及大量不同技术领域、不同行业之间的跨学科知识，在技术构成和系统架构上具有典型的复杂产品系统特征，其产品创新所需技术的复杂性超过大规模制造产品。复杂性技术是指技术专家无法单独理解和掌握，并在特定的时空内无法详尽表述的技术（Kash & Rycroft，2002）。某单项技术包含的领域知识和技术诀窍越难以理解、融合的学科越多，则该技术的复杂性程度也就越高。复杂性程度较高的技术经常不能被专业技术人员甚至单个企业彻底理解和掌握，需要融合不同学科的专家、不同企业的已有知识和技能，因此必然选择技术集成。同时，技术体系的迅速膨胀，使得技术可供选择的范围迅速扩大，没有哪一个企业有必要，也没有这样的能力基础，对其所需的技术进行全面的探索。加州大学哈斯商学院教授切萨布鲁夫（Chesbrough，2006）认为，在产品开发过程中，企业应该积极利用外部有价值的知识，并与内部创新相互协调。可见，未来竞争优势将会赋予那些擅长选择和集成已有技术的企业，而非热衷于创造技术的企业。

基于以上观点，选择装备制造行业，其实际意义在于我国正处在工业化的进程中，装备制造业面临着适宜的发展与追赶时机，但也要看到装备制造企业面临着跨国公司的残酷竞争，新装备产品的研发和制造能力亟需提升。许多装备制造企业通过获取外部技术并将其与内部研发技术在产品系统层次上进行集成，打破了技术引进的"天花板"效应，进而跨越技术追赶的陷阱，成功地实现了集成创新，这些企业在集成外部技术的同时，产品自主创新能力逐步得到提升，创新模式呈现多样化，取得了比较大的进步，这为装备产品集成创新模式的研究提供了很好的样本。目前，集成创新已成为装备制造业实现自主创新、加快技术追赶进程的重要途径，但企业有效地开展集成创新正面临模式合理选择的问题。如果以此为切入点，对装备产品集成创新的模式进行分类，并识别关键影响因素以指导企业进行模式选择，便能够为企业的技术能力成长和集成创新模式的选择提供理论指导和管理支持。

## 1.1.2　研究意义

技术创新模式、复杂产品系统、集成创新及相关延伸理论研究近年来日益受到关注，学术界在以上领域取得了一系列重要的研究进展。但需要指出的是：首先，已有集成创新的研究对象集中于高技术产业，对其他产业则较少涉及，而装备产品具有典型的复杂产品系统特征，由大量的子系统和元件构成，涉及大量不同领域的技术，可以成为研究复杂产品系统集成创新的切入点；其次，作为一种新兴的创新管理范式，提炼和总结有效的创新模式对集成创新提出了新的挑战；再次，复杂产品系统、集成创新的相关研究大多数以定性的案例分析为主，定量的统计分析比较少；最后，已有研究成果主要是对处于技术领先地位的欧美企业分析形成的，而对处于技术追赶地位的中国企业而言，某些研究结论就有可能脱离实际情境，深入开展针对本土企业的实证研究已显得尤为迫切。因此，研究装备制造企业集成创新的模式，并将集成创新模式的研究拓展到复杂产品系统，探求在技术追赶过程中，装备产品集成创新的模式分类和支持集成创新的结构化方法，以及识别出装备产品集成创新过程的关键影响因素，并在此基础上，指导本土企业根据自身能力、产品特点等环境因素相机选择适宜的集成创新模式，从而能够为推动装备制造企业通过有效地运用集成创新实现自主创新提供必要的理论指导和管理支持，为政府部门制定相关政策提供决策依据。

### 1.1.3　研究基础

全球经济的快速发展以及经济全球化进程的加快，使企业置身于更加激烈的市场竞争中，密集的技术创新活动逐渐成为企业生存和发展的关键。在新的创新环境下，越来越多的企业开始寻求外部创新源，采取各种形式与外部主体开展交流与合作，其主要目的是获取创新资源、缩短创新周期、降低创新成本和风险等，为此，本土企业对不同技术知识流的集成对创新变得更加重要。近年来，对集成创新的研究引起了学术界的广泛关注：一方面，本土化的集成创新研究虽已大量存在，但尚未对集成创新模式进行深入的探讨；另一方面，在国家提出振兴装备制造业的大背景下，对装备产品集成创新的模式的探讨更具价值，产业界也亟需相关的理论进行指导。为此，本书依托高等学校博士学科点专项科研基金联合资助课题"装备产品开放式创新中的用户创新整合研究"，借鉴国内外已有的研究成果，对本土装备制造企业进行实地调研，对装备产品集成创新模式的相关问题开展研究。

## 1.2　相关概念界定

### 1.2.1　装备产品

装备制造业是国民经济的脊梁，是关系国家战略安全和国民经济命脉的基础性、战略性产业，是提升国家竞争力的关键载体、捍卫国家安全的根本保障、提高经济社会发展质量的核心基础、产业结构升级的重要引擎（徐宇辰，2022）。装备制造业产品则是国民经济发展的技术支柱，其技术水平被视为衡量大国实力的重要标志。然而，长期以来，创新管理研究主要是针对大规模制造产品展开的，对装备产品的理论研究明显滞后于产业实际发展水平。装备产品在既定设计规则的基础上，由复杂多样性的子系统和元件耦合而成，其技术构成、产品架构、制造与开发过程复杂，具有典型的复杂产品系统（Complex Products and Systems，CoPS）特征。在当代工业和经济发展过程中，复杂产品系统的作用变得愈发重要，主要包括航空航天系统、飞行模拟器、大型计算机、高速列车、移动通信网络、船舶制造等工业产品。

在特定的产业技术周期内，欧美发达国家在装备制造业领域占据主导地位，已经进入了产业创新演化过程中的主导设计完善阶段（Anderson & Tushman，1990），如图 1 - 1 所示，装备产品更多的是在产品和工艺方面表现出渐进式创新，但随着新的和已有技术融合的不断涌现，这为中国装备制造业的发展提供了机会。目前，我国装备制造业已形成门类齐全、具有相当规模和一定水平的产业体系，是国民经济发展和产业升级的重要标志。对装备制造业产品技术来源的研究发现，"七五"期间引进技术大体上占75%，到20世纪90年代引进技术占57%，2006年占到39.4%，显示出国内自主开发技术的比重逐渐提升[1]。但从整体而言，装备制造业仍存在技术对外依存度高、自主创新能力弱等诸多问题，装备制造企业较之国外竞争对手，在设计和制造技术、标准体系及知识产权等方面，仍处于劣势地位，缩小技术鸿沟、加快追赶、实现自主创新已是装备制造企业现阶段亟须解决的紧迫任务。

---

[1] 朱森第. 我国装备制造业的发展与提升 [J]. 开发研究，2009 (1)：6 - 11.

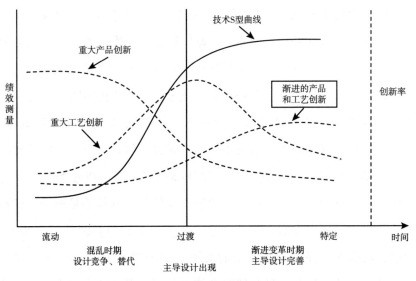

图1-1　产业创新的动态模型

资料来源：HENDERSON R M，CLARK K B. Architectural Innovation：The Reconfiguration of Existing Product Technologies and the Failure of Established Firms［J］. Administrative Science Quarterly，1990，35（1）：13.

　　按照国民经济行业分类与代码（GB/T 4754 - 2002），装备产品范围包括6个大类（附录A），即通用设备制造业、专用设备制造业、交通运输设备制造业、电气机械及器材制造业、通信设备计算机及其他电子设备制造业、仪器仪表文化办公用机械制造业（李凯、李世杰，2005）。国务院《关于振兴装备制造业的若干意见》则把装备制造业分为重大技术装备、高新技术产业装备、基础装备、一般机械装备四类，其中重大技术装备是指装备制造业中技术难度大、成套性强、关联度大，对国民经济具有重大意义、对国计民生具有重大影响，需要组织跨部门、跨行业、跨地区才能完成的重大成套技术装备。

　　一些学者对装备制造业与国民经济行业分类的关系提出不同观点。根据产品的知识含量和技术密集程度不同，并辅以国家直接调控必要性,徐建平和夏国平(2008)把装备制造业划分成五种类型:一是通用类装备(一般性装备),基本上是传统技术和一般应用的机械制造类产品,如机泵阀、工程机械、农业机械、建筑机械、运输机械等;二是基础类装备(装备制造业的核心),是我国装备制造业的核心,以被誉为"工业母机"的机床工业装备为代表,包括机床、工具、模具、仪器仪表、基础零部件、元器件等,以及相应的基础技术(包括设计和生产制造技术)和基础材料;三是成套类装备,是评价一个国家装备工业总体实力的最重要依据,其核心是形成一种整体功能或一种解决方案;四是安全保障类装备,包括新型军事装备、尖端科研设备、保障经济安全的关键性设备等;五是高技术关键装备,其技术含量最高,最典型的高技术关键装备如超大规模集成电路生产中的单晶拉伸、硅片切抛、镀膜光刻、封装测试等。

按照装备功能和重要性,邹十践(2002)认为装备产品主要包含三个方面:一是重大先进的基础机械,即制造装备的装备——工业"母机",包括数控机床、柔性制造单元、柔性制造系统、计算机集成制造系统、工业机器人、大规模集成电路及电子制造设备等;二是重要的机械、电子基础件,主要是先进的液压、气动、轴承、低压电器、微电子和电力电子器件、仪器仪表及自动化控制系统等;三是国民经济各部门的科学技术、军工生产所需的重大成套技术装备,如矿产资源的井采及露天开采设备,大型火电、水电、核电的成套设备,石油化工、煤化工、盐化工的成套设备,航空、铁路、公路及航运等所需的先进交通运输设备,污水、垃圾及大型烟道气净化处理等大型环保设备,隧道挖掘、输水输气等大型工程所需的成套设备,工程机械成套设备等。

魏江和王铜安(2007)研究了装备产品的分类问题,并提出四种主要的技术装备之间存在协作与支撑关系。首先,基础装备具有工业"母机"的地位和作用，各类机床等一定是其他各类装备的基础，对所有的其他装备行业具有直接的支撑作用。其次，一般机械装备虽然在技术上没有高新技术装备深入，在规模上不比重大技术装备宏大，战略地位上逊色于基础装备，但是一般机械装备的数量可能是最大的。因为无论是高技术装备还是重大技术装备都无法离开一般机械装备的支撑。再次，高新技术装备一定是重大技术装备的重要、关键、不可或缺的构成部分，在某种程度上代表了后者的技术水平。最后，重大技术装备是对前面三种装备的综合或集成，最终形成对国民经济发展有重大影响的复杂的、高技术的、高造价的产品。

综上所述，本书研究的装备产品主要是国民经济行业分类中较为复杂的产品并借鉴魏江对装备产品的分类。随着我国经济的不断发展，为保证国家的经济安全、战略安全，装备制造企业有必要充分利用内外部战略环境的变化，接受现代装备制造业技术变革的挑战，并借鉴复杂产品系统的理论基础，对装备产品的集成创新模式进行研究，以期实现本土装备产品开发能力的跨越式成长。

### 1.2.2　集成创新

20世纪70年代左右是美国半导体及电子行业发展的黄金时期，伴随着东亚经济在80年代的迅速发展，日立、东芝等许多日本公司迅速成为半导体产品的主要开发者和制造商（Iansiti，1998）。面对衰落和竞争压力，许多美国半导体企业重塑了传统的研发模式，通过实施基于技术集成的制造流程解决方案，构建专门的技术集成小组，形成了一种新的产品研发管理范式，即在产品开发初期以技术和工艺方案与其应用情境之间的匹配为目标，通过搜寻、评价和提炼等过程来选择产品开发所需要的技术，使美国计算机和半导体行业得以复苏。可以看出，美国主导地位的重新获得，正是这些行业在产品创新过程中，非常重视并有效地实施"技术集成"（technology integration）的结果，可以总结如图1-2所示。

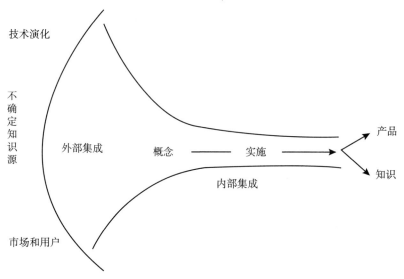

**图1-2　集成、概念开发和实施之间的联系**

在此背景下，20世纪90年代初期，哈佛商学院教授马可·伊恩斯蒂（Marco Iansiti，1998）把美、日计算机和半导体等行业成功企业的产品开发模式凝练为"技术集成"，他认为，技术集成是一种更有效的创新管理方法和惯例，它把新的、已有的知识从基础科学到企业的每一个技术细节都联系起来，并通过组织流程把有效的资源、工具和解决问题的方法进行应用，为提高研发的绩效、性能提供了重要的推动力，从而使企业更加有能力应对不连续的技术波动。在后续研究中，马可·伊恩斯蒂（1999）更加具体地对这一概念进行了解释，认为技术集成是对那些在研究阶段被开发出的，并将在后续开发阶段中被采纳的一系列技术的搜寻、评价和提炼过程，形成了一个由问题筛选、潜在问题解决方案选择、试验设计、执行和方案排除等阶段组成的动态循环过程。

"技术集成"理念的提出，也被许多国内学者认定为集成创新概念的首次提出。目前关于集成创新的定义比较凌乱，还没有形成一个普适性的概念。笔者认为集成创新与自主创新的其他两种实现形式有较大的区别，首先是对技术的理解，其次是对不同创新内涵、自身能力基础的理解等。为此，提出集成创新是指在创新过程中不能单纯依赖不同技术要素的简单组合，它是一个复杂的系统工程，需要以市场和用户需求为导向，注重自身核心能力的提升，并与外部环境进行互动，掌握全部或部分核心技术和知识产权，最终形成自主品牌和获取持续的竞争优势。它不仅是聚焦于技术层面，同时还需要在管理、组织、战略、市场、文化乃至商业模式等非技术要素层面进行创造性的融合。

## 1.3　研究目的与研究内容

### 1.3.1　研究目的

集成创新是美国企业为振兴半导体产业的发展所形成的一种新的技术管理和不同职能部门相协调的生产组织方式，它的产生与美国自身的工业研发基础架构、企业组织形态以及文化背景紧密相关。目前，国外集成创新理论探索主要是建立在欧美发达国家的工业基础之上的，但由于在产权关系、经济基础、员工素质和社会文化等方面的不同，不同国家的不同产业的集成创新模式也必然有其独特性。然而国内学者集成创新的研究依然停留在对国外已有集成创新理念的概念性讨论和分析，缺乏聚焦于微观层面系统性的理论与实证研究，相关研究主要集中于技术创新和技术要素，在不同程度上忽视了战略、组织等非技术要素以及时空要素对集成创新管理过程和绩效的影响。另外，国内外学者大多数侧重于理论方面的探索，涉及实证方面的研究比较少，从而无法从企业自身的实际情况出发，选择相应的产品集成创新模式，这也有待于进一步研究。

为此，本书选取装备产品为研究对象。首先，通过理论分析和案例研究，探寻在技术基础落后于国外竞争对手的背景下，探查装备制造企业产品集成创新的有效模式及实现路径，提炼和开发支持装备制造企业产品集成创新的结构化方法，为运用技术集成实现自主创新提供有效的理论指导和管理工具。其次，基于问卷调查和统计分析，揭示装备产品集成创新过程的关键影响因素，并在此基础上，对不同模式之间选择的实现路径进行分析，确定装备制造企业集成创新实施过程中存在的薄弱环节和制约因素，提出相应的对策措施，以期为政府部门制定相关政策提供科学依据。

## 1.3.2 研究内容

根据研究目的，提出概念性研究框架，如图 1 - 3 所示，确定研究的主要问题如下：

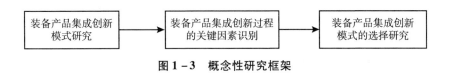

图 1 - 3 概念性研究框架

　　首先，装备产品集成创新的模式研究。在实地调研、案例研究和文献总结的基础上，对装备产品的集成创新过程进行比较分析，提炼和总结装备制造企业集成创新的有效模式，使整个研究有坚实的实证支持；同时，研究过程中揭示出的问题也成为下一步研究的切入点。在集成创新的过程中，模式如何进行划分，其特征如何，以及企业在不同模式下又是如何进行装备产品集成开发，以获取持续竞争优势的。

　　其次，装备产品集成创新过程的关键因素识别研究。以装备产品为研究对象，探查产品开发中内外部创新资源集成过程中的关键影响因素。对回收的有效调查问卷进行统计分析，确认影响装备产品集成创新模式形成过程的主要因素，在以上研究的基础上，针对存在的薄弱环节和制约因素，研究提出有效的应对方法和配套政策，为企业开展集成创新提供管理支持，为政府部门制定政策及采取措施提供科学依据。企业在集成创新的过程中，关键是如何系统地对内外部创新资源进行更好的集成。在集成的过程中，不同的市场、技术等要素对内部集成和绩效会产生不同的影响，考虑到装备制造企业的独特性，拟通过因子分析等统计方法，从众多要素中筛选和确认关键影响因素。

　　最后，在上述问题的基础上，评价不同因素对装备产品集成创新模式的影响程度，并进一步提炼和总结不同情境下有效模式的选择及其实现路径以指导企业实践。集成创新的过程中，其影响因素之间存在什么样的关系，不同模式之间又是如何演化的，拟通过对产品集成创新影响因素中的两个维度进行聚类分析，以验证所提出的模式，并对集成创新模式的选择进行提炼和总结，为装备制造企业开展集成创新提供管理支持。

　　第1章，绪论。首先，阐述研究的现实背景及研究意义和研究基础，界定需要研究的问题，并分析研究此问题的现实意义和理论价值；其次，界定研究对象，明确研究目的、研究内容、研究方法和技术路线；最后，阐述论文的主要创新点。

第2章，文献综述。首先，从集成创新思想的由来、集成创新的研究角度以及集成创新的构成要素三个方面，回顾了集成创新领域已开展的相关研究；其次，对与集成创新相关的开放式创新理论、分布式创新理论及全面创新理论进行了简短的评述；再次，对已有技术创新模式进行了整理，并对与装备产品相关的复杂产品系统理论的研究进展进行评述；最后，提出需要进一步研究的问题。

第3章，装备制造业产品集成创新的模式研究。首先，在实地调查、案例研究和文献总结的基础上，基于技术依存度和模块化程度两个维度，对装备制造企业产品的集成创新过程进行比较分析，提炼和总结出装备产品集成创新的四种模式，即架构设计型、模块更替型、内部一体化型及许可改进型，使整个研究有坚实的实证支持；其次，选择具有代表性和典型性的装备产品开发项目，对不同集成创新模式下的产品开发过程进行比较分析，研究过程中揭示出的相关问题也成为下一步研究的切入点。

第4章，装备制造业产品集成创新过程的关键因素识别。首先，界定了市场知识能力、模块化、技术吸收和内部集成四个影响装备产品集成创新模式形成的关键因素，提出以市场知识能力、模块化和技术吸收为自变量，内部集成为中介变量，以产品集成创新绩效为因变量的相关研究假设和模型；其次，分析了实证研究过程中的样本选择、数据收集、问卷设计、变量测量和数据分析方法；最后，结合本土装备产品集成创新的实践对实证结果进行讨论。

第5章，装备制造业产品集成创新模式的选择研究。在第3章和第4章的基础上，通过统计分析和理论研究对集成创新模式进行分析和选择，并提出不同模式之间的转移路径，指导企业相机选择适宜的集成创新模式。

第6章，结论与展望。对主要研究工作进行归纳和总结，指出研究存在的某些局限性，以及今后需要进一步研究的相关问题。

## 1.4 研究方法与技术路线

### 1.4.1 研究方法

研究方法的选择与设计影响整体研究的价值，因此研究方法的选择在理论性研究上，会有相当大的重要性。本书主要采用文献分析、案例研究、问卷调查为主要的研究方法。首先，在文献分析基础上，建立论文的初步理论研究架构；其次，通过实地调研进行深入的案例分析，探索集成创新过程的主要影响因素，在此基础上，确立研究框架和假设，对其进行实证研究。

（1）文献分析。基于现有的不同数据库和网络搜索工具，对国内外迄今与集成创新、技术创新模式、复杂产品系统相关的理论与文献，进行跟踪、追溯和研读。首先，基于多次反复的查询和阅读，从概念、分类和影响因素等角度进行梳理和分析，总结和归纳与本书相关的研究范畴、研究方法、已有研究成果和研究前沿，从而为进一步提出研究问题、明确论文研究方向，作理论铺垫。其次，在涉及具体研究内容时，本书的概念、研究模型和研究假设，均是基于相关文献的深入研读，结合案例研究，经过反复构思，在修正的基础上提出的。

（2）案例研究。案例研究是管理理论创建的重要方法之一。在论文第三部分运用多案例研究方法，进一步论证本书中通过理论研究所得出的理论命题、框架或模型。选择案例研究方法主要基于以下原因：第一，中国正处于一个需要创建新理论的时代，西方的现有的理论体系不能完全搬过来适用于中国情况，基于中国情境的相关集成创新理论建构还需要进一步完善；第二，当前对装备产品集成创新模式的理论研究明显滞后，理论指导的缺失制约着装备制造业的发展；第三，目前虽然对集成创新的研究比较丰富，但对装备产品集成创新模式的相关问题的研究仍很薄弱。而在理论构念建构之前，通过案例研究获取第一手实证资料，有助于形成可验证的理论假设，推动研究向前发展，为企业开展集成创新提供有价值的理论指导。

（3）统计分析。由于案例研究和基于大量样本的实证研究利弊不同，可进行交叉使用来实现不同分析方法的优势互补。采用案例研究方法进行探索性研究，可以加深对研究现象的理解，并有助于创建新理论，为后续实证研究提供基础。在文献研究、案例研究和理论分析的基础上，提出研究模型和研究假设，进行大样本的问卷调查，采用流行的 SPSS 25.0 统计软件分析对所提出的相关研究假设进行验证，分析方法包括因子分析、相关分析、回归分析和聚类分析，可使整个研究工作有扎实的实证支持。

（4）定性分析。在上述案例研究和统计分析的基础上，对集成创新模式的选择进行了分析，并提出了模式选择的实现路径，以指导企业开展集成创新，从而为企业自主创新的开展提供管理支持和政策指导。

## 1.4.2　技术路线

本书首先在搜集、研读国内外相关文献和企业实地调研的基础上，形成研究框架和研究假设。其次，在理论框架的指导下，设计初始问卷，采取专家访谈和田野调查的方式，到大连船舶重工集团有限公司、大连重工·起重公司进行预调研，收集、整理装备产品集成创新案例资料。最后，修订并确定调查问卷，选取大连机车车辆有限公司、大连机床集团有限公司、大连叉车有限责任公司等装备制造企业的装备产品开发项目进行调研，收集相关数据，进行统计分析和案例分析，对结果进行讨论、总结。根据提出问题、分析问题和解决问题的逻辑思路，本书的技术路线，如图1-4所示。

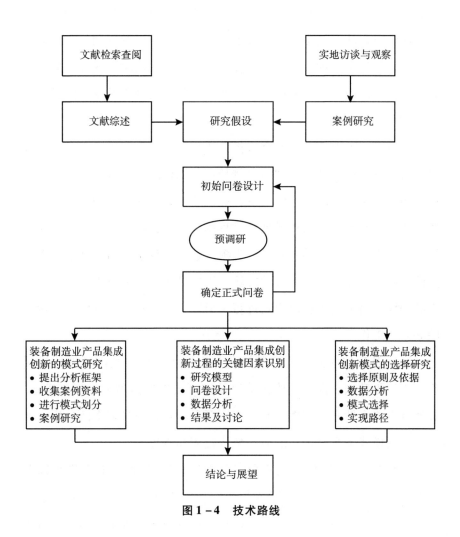

图1-4　技术路线

## 1.5 主要创新点

外部创新环境的变迁促使企业的创新模式产生新的变化，然而集成创新作为技术创新管理的一种新范式，已成为本土企业实现自主创新的重要途径，现有研究大多着重于某些行业或某一具体的创新项目的案例研究，从宏观层面对集成创新意义、特征以及机制等方面的研究较多，但对集成创新模式的研究尚存在不足。同时，在开展集成创新的过程中，企业应该根据不同行业、不同发展规模及发展阶段来选择模式和侧重焦点。

本书借鉴国内外集成创新与复杂产品系统理论的研究成果，在对中国情境下装备产品集成创新案例长期跟踪研究的基础上，从技术依存度和模块化程度两个维度出发，提出了装备产品开发的四类集成创新模式，并对装备产品集成创新过程的关键因素进行了分析，进而分析了不同模式之间的转移路径，为模式选择提供了思路。全书以案例实地调研与问卷调查相结合的方法，以数理统计为分析工具，对装备产品开发项目的集成创新模式进行了研究，主要在以下方面做了少量的创新性工作。

（1）基于技术依存度和模块化程度两个维度，提出了架构设计型、模块更替型、内部一体化型以及许可改进型四种集成创新模式；选择具有典型性和代表性的装备产品开发项目，通过多案例分析，厘清了不同模式下产品创新的微观集成过程和特征。

在对 CRS450Z5 集装箱正面吊运机、HXD3B 货运电力机车以及 CHD25 车铣复合加工中心等装备产品开发项目创新案例研究的基础上，结合集成创新、复杂产品系统理论以及模块化理论，通过分析表明，四种模式下的装备产品集成创新过程由市场和用户需求调研、产品原型识别与借鉴、系统功能分析与设计、模块分解与外包、系统集成与试验，以及系统交付与服务等阶段组成，并最终向用户提供完整的产品和服务解决方案。同时，分析也表明：架构设计型强调对产品系统的设计规则进行建构，关键技术模块外购，同时对外购模块的领域知识具有一定程度的了解；模块更替型是在对产品架构进行控制和外包模块领域知识了解的情况下，更多地聚焦于模块核心设计概念的更新，以获取更多价值；内部一体化型则是对产品的设计、模块研制以及系统集成等任务置于企业内部进行，并对少量的模块进行外包；许可改进型是在对产品技术授权和相关技术知识了解的基础上，通过研发人员之间的持续性交互式学习对许可产品的设计、技术或专有模块进行渐进性改进，从而推出满足细分市场的新产品。

（2）在理论和案例研究的基础上，构建了装备产品集成创新开展的过程模型，通过统计分析识别了装备产品系统集成创新的关键因素。

以现场发放方式进行问卷调查，通过对取得的 194 份样本数据进行因子分析和回归分析，对装备产品集成创新过程的关键因素研究发现：第一，市场知识能力、模块化、技术吸收、内部集成等因子所包含的影响因素对装备产品集成创新绩效均有正向影响，市场知识能力等因子所包含的影响因素通过中介变量内部集成对不同模式下的集成创新绩效产生间接影响，内部集成因子对集成创新绩效有显著的正向影响；第二，装备产品开发项目创新应该注意产品系统、架构和元件知识学习、模块化水平、试验能力等关键要素。第 4 章所识别的装备产品集成创新的关键因素，一方面可以作为第 5 章关于模式选择研究的基础，另一方面也可作为企业开展装备产品集成创新工作的参考。

（3）在数据分析和关键因素识别的基础上，发现内部研发技术来源在装备产品开发过程中仍占主导地位，并提出了在不同模式之间进行有效选择的三种实现路径。

数据分析表明，企业内部研发是本土装备产品开发的主要技术来源，用户、技术标准、供应商和合同技术是装备产品开发技术来源的重要补充。在装备产品开发项目样本数据中，企业选择模块更替型模式进行装备产品开发的最多，比例为49.6%，而选择许可改进型模式的比例最低，其比例为8.5%。一个技术演变的生命周期中，在产品主导设计基本确定的情况下，针对装备制造业产品开发，技术模块化是最终的选择，也是整个产业标准化的结果。在案例分析和模式选择原则及依据的基础上，企业集成创新模式有效选择的实现路径有以下三种，分别是许可改进型→架构设计型→模块更替型、许可改进型→内部一体化型→模块更替型、许可改进型→模块更替型。

# 第2章

# 文 献 综 述

本章首先回溯集成创新的相关研究进展，随后评述与研究紧密相关的技术创新模式和复杂产品系统理论的研究进展，相关文献的评述将为后续分析框架的构建和研究假设的提出提供理论基础。

## 2.1 集成创新的研究进展

### 2.1.1 集成创新思想

国内外学者对集成创新进行了多种视角的研究，分别以"技术融合""技术集成""技术整合""集成创新"等名称对这一新范式进行了分析，在研读相关文献的基础上，对集成创新概念的分析总结，如表 2 - 1 所示。

表 2 - 1                                    集成创新的基本概念

| 作者及年份 | 主要观点 |
| --- | --- |
| Kodama<br>(2014) | 技术融合是非线性的、互补的和合作的,它通过将以前分散在不同技术领域的渐进技术创新进行混合,从而产生变革市场的新产品 |
| Henderson & Clark<br>(1990) | 产品开发包含两类知识:元件知识和架构知识。其中架构知识的形成过程就是不同元件知识的集成 |
| West & Iansiti<br>(2003) | 知识集成包括内部技术集成与外部市场集成 |
| Iansiti (1995) | 技术集成由知识建构活动的集合组成,通过这些活动,新颖的产品创意被提出、评价和优化,为随后的产品开发提供基础 |
| Grant (2013) | 知识集成能力是企业利用已有知识来产生新知识和对那些尚未开发的技术潜力进行探索的能力 |
| Iansiti (1998) | 技术集成是以实现产品和工艺的技术方案与其实际应用环境之间的匹配为目标而实施的一系列技术调查、评价和提炼活动 |
| Iansiti & West<br>(1999) | 技术集成是产品研发过程中位于研究阶段和实物开发阶段之间的一个衔接阶段 |
| 江辉,陈劲<br>(2000) | 技术集成是企业根据已有的技术,及时跟踪了解新产品的市场特性,同时通过多种技术来源引进已有成熟技术或参照技术资料进行学习,依据产品的需求功能,使不同的技术选项在产品中高度融合,在短时间内进行集成开发,从而能够迅速地领先进入市场,先发获得产品的市场占有率的手段和方法 |
| 杨燕,高山行<br>(2010) | 集成创新是指创新的融合,这种融合通过利用并行的方法把企业创新生命周期不同阶段、流程以及不同创新主体的创新能力、创新实践、创新流程和竞争力集成在一起,从而形成能够产生新的核心竞争力的创新方式 |
| 慕玲,路风<br>(2007) | 集成创新是本土企业在自主产品概念下,通过开放系统的产品建构来选择和集成各种技术资源的产品开发方式和生产组织模式 |
| 邓艳,雷家骕<br>(2007) | 技术整合是将多门类知识、多门类技术及有关商业理念有效地集成在一起,进而形成有效的"产品制造方案、制造流程、制造过程管理方案、商业模式",最终达到可以进行大规模生产的系统程度 |
| 王众托<br>(2007) | 系统集成创新是把已有的知识、技术创造性地加以集成,以系统集成的方式创造出前所未有的新产品、新工艺、新的生产方式或新的服务方式,以满足不断发展的新需求 |
| 魏江,王铜安<br>(2007) | 技术整合是基于特定的外部市场环境,为实现企业的产品和工艺创新,对来自企业内外部的各类技术资源进行甄选、转移、重构的动态循环过程 |

在国外学者的研究中，儿玉文雄（Kodama Fumio，2014）通过对欧美高科技企业产品研发的分析，提出了技术融合的概念，他认为技术融合是非线性的、互补的和合作的，它通过将已有的分散在不同技术领域的渐进性技术创新进行混合，从而产生变革市场的新产品。伊恩斯蒂（1998）认为，技术集成是以实现产品和工艺的技术方案与其实际应用情境之间的匹配为目标而实施的一系列技术调查、评价和提炼活动，并以计算机和半导体产业为例，提出了技术集成的三阶段模型，如图2-1所示。

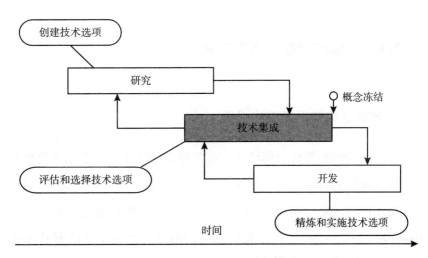

**图2-1　技术集成三阶段模型**

资料来源：IANSITI M，WEST J. From physics to function：An empirical study of research and development performance in the semiconductor industry［J］. Journal of Product Innovation Management，1999，16（4）：387.

国内学者在国外研究的基础上提出了"技术集成""集成创新"以及"技术整合"等概念。江辉和陈劲（2000）认为，技术集成就是企业根据已有的技术，及时跟踪了解新产品的市场特性，同时通过多种技术来源引进已有成熟技术或参照技术资料进行学习，依据产品的需求功能，使不同的技术选项在产品中高度融合，在短时间内进行集成开发，从而能够迅速地领先进入市场，先发获得产品市场占有率的手段和方法。杨燕和高山行（2010）认为，集成创新是指创新的融合，这种融合通过利用并行的方法把企业创新生命周期不同阶段、流程以及不同创新主体的创新能力、创新实践、创新流程和竞争力集成在一起，从而形成能够产生新的核心竞争力的创新方式。崔永梅等（2018）指出，技术整合是综合运用相关知识，通过选择、提炼产品设计与制造技术，进而将这些设计与技术整合成为合理的产品制造方案与有效的制造流程的系统化过程与方法。

## 2.1.2 集成创新的研究视角

### 1. 产品建构知识集成的视角

从 20 世纪 90 年代初期开始，在外部市场环境快速变化以及技术知识存量膨胀的背景下，在技术创新过程中如何实现技术知识存量与市场需求的有效集成逐渐引起人们的重视。亨德森和克拉克（Henderson & Clark，1990）提出架构创新的概念，强调了对已有技术进行再配置的重要性，并指出产品知识由架构知识和元件知识构成。在此基础上，韦斯特和伊恩斯蒂（West & Iansiti，2003）则提出集成能力的概念，认为通过集成内部技术和外部市场知识的能力是组织内部知识架构的基础，也是产生动态绩效的主要驱动力。斯瓦达斯和迪沃（Sivadasf E & Dwyer R，2013）提出了以系统集成和网络模型为特征的第五代创新模式，其目的是强化企业内部集成和外部网络，对内注重各职能部门知识的充分集成，对外强调与上下游企业的知识沟通。亨德森（Henderson，2021）的研究提出了与架构知识对应的建构能力，指出建构能力能够使企业以灵活的方式，通过集成已有元件知识，创造新的元件知识和建构能力，促进技术能力的成长。

在已有研究的基础上，伊恩斯蒂（1995）通过对大型计算机、半导体等产业的深入研究，指出技术集成是在探寻技术选项与市场需求的有效匹配过程中，对多种技术知识选项进行评价、选择和提炼的一系列活动，并将产品知识分为领域特定知识和系统知识，强调技术集成通过持续植入多个领域知识来产生新产品的系统知识。此后，伊恩斯蒂（1997）研究指出，从事技术集成的员工不但掌握某一技术的领域知识，而且熟悉与其他技术领域知识、内部制造系统以及外部价值网络联系有关的知识。伯恩斯坦和辛格（Bernstein & Singh，2006）提出了组织内的集成创新模型，认为项目的提出和实施过程是创新的核心，其驱动力则是对个人、团队和部门的知识技能的集成。而有的学者强调了产品概念知识的重要性，认为技术创新是在产品概念知识逐渐明晰化过程中逐步开展的（Orihata & Watanabe，2000）。杜兰德（Durand，2001）研究指出，产品概念形成过程伴随着企业对外部知识的集成，开发过程伴随着对内部信息、人员、团队和部门知识的集成，内外部知识交流与融合的管理对企业的创新绩效产生影响。

随后，许多学者对集成创新中知识范围进行了延伸。装备产品技术集成过程中的知识由元件知识、架构知识及系统知识构成，集成商能识别快速进步的技术领域中的新技术，理解新技术对其他技术领域的意义，将新技术集成到产品架构之中（Brusoni & Prencipe，2001）。贝斯特（Best，2001）提出了基于专业技能积累、商业模式和制造系统的集成创新模型，强调以开放系统的产品建构把网络化的企业群连接起来，并注重对知识的管理；而马什和斯托克（Marsh & Stock，2003）研究指出，在产品开发过程中可以开展跨时集成，将以往积

累的技术和市场的知识集成到产品开发中去。切萨布鲁夫和库苏诺基
（Chesbrough & Kusunoki，2012）认为由于外部知识源分布的广泛性，
企业在产品开发的过程中可以从外部获得新的产品概念和有价值的知
识，并与企业内部产生的知识相协调。

集成创新在产品知识建构方面的研究也引起国内学者的关注。其
中，慕玲和路风（2003）研究指出，集成创新的开展要从本土市场
的实际应用环境产生或形成自主的产品概念，以开放的产品建构来选
择和集成各种技术，在产品系统层次上进行技术知识的学习并掌握相
应的建构技术能力，开发出具有市场竞争优势的产品。张光前
（2008）提出了基于系统观的技术集成过程模型，并以朗科闪存盘
为例将技术集成过程中知识划分为元件知识、接口知识以及架构知
识。郭亮等（2012）在案例研究基础上，构建了技术集成创新模
型和产品衍生模型，认为持续地植入新的领域知识才能保证技术集
成创新的成功。

### 2. 技术来源集成的视角

技术存量的快速膨胀和创新节奏的加快，使企业被嵌入在日益复
杂的技术系统网络中，这在很大程度上降低了某个企业独自控制新技
术的机会，企业没有必要也不可能掌握关于产品开发和生产的全部知
识，要求企业必须善于利用不同技术来源。许多公司意识到如何平衡
在企业内部还是外部进行技术开发的重要性，逐渐通过集成外部技术
获取了竞争优势。查特吉（Chatterji，1996）认为技术供求因素加快
了外部技术来源的扩展，从技术需求角度分析，激烈的全球竞争要求
企业集成内外部的技术资源来提高产品开发速度，并与外部组织建立
技术联盟分担风险；从技术供给角度分析，科学技术的快速发展以及
专业技术人才的自由流动，为企业从外部寻找知识源创造了条件，并

指出企业在获取外部技术时可能存在"失灵"问题，其原因在于技术合同签订后企业对组织之间技术关系管理的疏漏，并总结了技术来源的优劣势，如表2－2所示。

表2－2 外部技术来源存在的商业关系

| 关系形式 | 主要优势 | 主要劣势 |
| --- | --- | --- |
| 直接收购 | 支配技术；快速开发和市场进入 | 收购公司或许丧失关键人员及创业氛围 |
| 独占许可 | 快速获取成熟技术；减少财务风险 | 所获取技术的改进方面存在有限性；公司自身必须具有对技术进行开发和商业化的能力 |
| 合资企业 | 利用对方的互补技能和资源；共享风险和回报；确保来自合作伙伴的利益 | 合作伙伴间可能存在冲突；损失控制权 |
| 少数股东权益 | 公司能够跟踪技术进步而无需大规模投资；维持组织的利益来源和创业热情 | 缺乏控制；其他公司购买控股权益的可能性 |
| 未来许可期权 | 适当预先支付，提供了一个未成熟但有希望的技术窗口 | 如果技术非常成功，则技术所有权的价格会攀升；或许缺少战略利益信号 |
| 联合开发 | 利用对方组织的互补技术资源；共享风险和成本；维持双方的利益和承诺 | 在开发和商业化阶段存在冲突的可能性 |
| 合同研发 | 在不增加人员的情况下，有效地扩展企业的研发能力 | 或许不能对组织及时地完成任务和预算提供激励；除非下游组织的利益能够以某种方式共享 |
| 探索性研究融资 | 允许公司培育孵化器和创造性的研发人员网络 | 资金短缺风险；必须具有评估结果和消化吸收有前景技术的内部能力 |

资料来源：CHATTERJI D. Accessing External Sources of Technology [J]. Research Technology Management, 1996, 39 (2)：49.

技术市场的规模和交易费用是影响企业利用外部技术来源的重要

因素，技术市场的扩大和有效运作使技术外包替代企业内部研发的优势日益明显，并能够增加产品的多样化（Cesaroni，2004）。斯旺和奥瑞德（Swan & Allred，2003）则对企业采用外部技术来源和内部研发进行了比较分析，指出在高度动态的情况下，外部技术来源能够提供快速和低成本的解决方案，但外部依赖也可能使企业难以维持长期的优势。斯洛文斯基（Slowinski，2000）提出了成功集成外部技术的关键因素：了解技术需求、识别外部技术、甄选技术来源、技术评价、谈判技术协议、有效的验收方法、清晰定义技术获取步骤。他们认为可以通过专利和文献搜索、与高校和研究机构合作、利用技术经纪人等多种方式来识别外部技术。塔蒂恩、贾法尔和苏莱曼（Tajudeen，Jaafar & Sulaiman，2019）提出，关键技术可通过三种途径获取，即购并、内部研发、技术联盟，企业为加快产品开发会倾向选择技术联盟或购并的方式，而产业发展的不确定性会导致采用技术联盟而不是购并方式来获取技术。

许多国内学者也从不同技术来源集成的角度对企业产品创新进行了分析。江小涓（2004）认为企业需要"引进来"利用外部技术资源和"走出去"利用全球创新资源，并指出企业技术集成能力日益重要，经过多年竞争和积累，一些企业集成国内外优势资源的能力逐渐提高，这为企业自主组合资源进行技术创新提供了重要基础。郭亮等（2012）在案例研究基础上，指出技术集成有助于企业在利用外部技术来源的同时，能够掌握产品开发主动权，促进自主技术能力的成长。臧树伟和张娜娜（2021）认为，企业在由技术引进自主创新的过程中，由于某些技术的缺失，面临着追赶陷阱的挑战，需要从组织学习、组织保障、创新协同、创新来源、品牌定位、品牌维护等方面寻求相应的对策和方案。

### 3. 产品价值链集成的视角

许多国外学者从价值链集成的角度对企业产品创新进行了分析，包括企业内部、客户、供应商、竞争者、销售渠道等。企业通过集成内部营销、制造、研发以及采购等部门，能够显著提高新产品开发的竞争能力（Swink，2007；Antonio，2009）。哈霍夫、亨克尔和冯·希佩尔（Harhoff, Henkel & von Hippel，2003）认为在新产品开发的技术决策中集成用户的想法更有利于新产品的成功，强调企业和市场之间的互相适应和互相学习，目的在于促进用户需求和企业产品开发环境之间的有效匹配，增加社会福利。克拉克等（1991）通过实证研究强调了供应商参与新产品开发的重要性。艾森哈特（Eisenhardt，2010）根据资源观，指出供应商融入产品开发对全球计算机产业产生混合效应，持续竞争优势的获取与供应商参与程度和该产业的成熟度，以及供应商是否能够为产品开发提供互补能力有关。哈特利（Hartley，2011）等强调了对供应商的集成，并对集成过程和影响因素进行分析，例如供应商参与时机、制造商与供应商之间的沟通频率。

此外，国内学者在技术创新的案例研究中也逐渐发现，价值链上不同技术的集成是产品创新效果的重要保证。慕玲和路风（2003）则从集成创新的技术供给与需求之间的匹配角度，提出了以用户需求为出发点，通过开放产品系统的建构和企业进行互动来集成不同技术资源，实现集成创新。陈晓红等（2007）认为，新产品开发的早期应与顾客进行互动，并通过实证研究发现与顾客合作越紧密，产品的商业化成功程度越高。李随成等（2009）在构建新产品开发影响因素模型的基础上，通过实证研究发现本土制造企业的供应商主要是中后期参与，高程度参与多于低程度参与。陈娜等（2016）通过对企业集群发展的研究，指出提高集群竞争力的关键是促进集群内的企业网络能够形成创新集成放大效应，并分析了集群中创新集成的实现机制、动力机制等。张振等（2018）构建了基于价值链管理的企业创新系统框架，分析了集成系统中不同要素之间的关系，并初步界定了要素内涵。

### 2.1.3 集成创新的构成要素

集成创新的理论源自1998年伊恩斯蒂提出的技术集成，早期的集成创新研究主要聚焦于技术创新，但随着全球化竞争加剧、信息技术的快速发展以及企业外部环境的复杂多变，集成创新的构成要素也不断地发生变化。现在，在创新管理领域中，集成创新不仅仅是集中在技术要素，在更高层次中我们还要考虑组织、战略、知识、制度和文化等要素从分化走向融合，它们是保证创新效果的重要条件。集成创新比技术集成的内涵更加广泛，是产品、生产流程、创新流程、技术和商业模式、产业网络结构和市场创新的集大成者。

国外针对集成创新的构成要素开展了大量的研究。拉加茨（Ragatz，2003）分析了战略集成在供应商参与集成创新中的管理承诺、地位与作用，并认为要实现产品供应商技术的集成的要求和目标，指出选择和执行正确的战略集成至关重要。克利斯·弗里曼和罗克·苏特（Chris Freeman & Luc Soete，2012）在《工业创新经济学》一书中，对不同行业创新中的技术、组织、制度、管理、文化等方面进行了更广泛的综合性研究。乔瓦尼·多西（Dosi G，2010）从企业内部技术创新要素集成的角度探讨了技术、组织、制度、管理、文化等方面的综合性创新。乔·蒂德，约翰·贝赞特（Joe Tidd & John Bessant，2020）从技术、市场和组织的角度对创新集成的管理模式进行了综合分析。卡兰托尼等（Calantone et al.，2010）提出通过虚拟网络等组织形态可以促进知识的产生及转移，并通过有效的合理配置，形成能够为企业带来收益的技术知识流程。库珀和克莱因施密特（Cooper & Kleinschmidt，2016）认为，企业的产品开发流程、组织、战略、文化、市场环境、高层管理者的承诺等要素影响新产品成功开发的绩效。

另外，扎哈拉和尼尔森（Zahra & Nielsen，2002）认为，积极利用正式和非正式集成机制获取外部技术能够加速产品的商业化成功，并通过实证研究发现，尽管许多企业能够成功获取外部技术但不能得到相应的收益，其原因在于缺乏有效的集成机制，指出组织文化、学习、知识难以转移、缺乏沟通、管理不完善等要素能够影响集成的效果。阿尔梅达（Almeida，2004）认为企业内部的知识存量越多，其集成创新能力就越强，越能够促进外部知识的获取、消化吸收，并指出跨国企业知识的差异性越大，则越能够形成互补能力有利于技术集成创新的产生。伦德奎斯特（Rundquist，2009）通过对瑞典六家不同产业的中型制造企业的产品合作开发项目进行研究发现，技术、组织、文化因素影响产品集成创新的成功，其中对合作潜力充满高度期望的文化是取得高集成效果的重要影响因素。

国内学者结合本土实际背景及企业发展的特点，对集成创新的构成要素也开展了相应的研究。江辉、陈劲（2000）针对企业集成创新的形成机制开展研究，将企业内部运行的三个层面，即技术集成、知识集成和组织集成，作为构成企业集成创新的要素。李文博、郑文哲（2004）在剖析企业集成创新理论内涵的基础上将集成创新的构成要素划分为四个方面：技术、战略、知识、组织。史宪睿（2010）提出了企业集成创新能力的概念，并指出其由战略集成能力、知识集成能力、组织集成能力要素构成，随后他又构建了基于战略集成、组织集成和 7 个要素集成的三层次的企业集成创新的内部系统模型。裴小兵（2013）指出集成创新由战略集成、技术集成、知识集成、组织集成、资源和能力集成以及时间集成六个方面构成。连蕾（2016）从技术集成、知识集成、组织集成、管理集成四个无形层面建立了团队集成动态创新模式。

通过以上分析可见，影响集成创新成功的要素涉及战略、组织、文化、流程、学习以及技术等多个方面，总结如表2-3所示。

表 2-3　　　　　　　　　　　集成创新的要素

| 相关文献 | 要素 | | | | | | |
|---|---|---|---|---|---|---|---|
| | 战略 | 组织 | 文化 | 技术 | 知识 | 流程 | 学习 |
| Cooper, Kleinschmidt (2016) | ▲ | ▲ | ▲ | ▲ | | ▲ | |
| Calantone (2010) | | ▲ | | | | ▲ | |
| Song et al. (1997) | ▲ | | ▲ | | ▲ | | ▲ |
| Morgan (2000) | | ▲ | | | | | |
| Salder (2001) | | ▲ | ▲ | | | ▲ | |
| Crow (2002) | | ▲ | | ▲ | | ▲ | ▲ |
| Zahra, Nielsen (2002) | | | ▲ | ▲ | ▲ | | ▲ |
| Almeida, Phene (2004) | | | | | | | ▲ |
| Karlsson, Loven (2005) | | | ▲ | | | ▲ | |
| Rundquist (2009) | | ▲ | ▲ | ▲ | | | |
| 江辉, 陈劲 (2000) | | ▲ | | ▲ | ▲ | | |
| 连蕾 (2016) | ▲ | ▲ | | ▲ | ▲ | | |
| 史宪睿 (2010) | ▲ | ▲ | ▲ | ▲ | | ▲ | ▲ |
| 张华胜, 薛澜 (2002) | ▲ | | | | ▲ | | |
| 李文博, 郑文哲 (2004) | ▲ | ▲ | | ▲ | ▲ | | |
| 裴小兵 (2013) | ▲ | | | ▲ | ▲ | ▲ | |
| 史宪睿 (2010) | ▲ | ▲ | | | ▲ | | |

注：▲表示文献中提及相应的构成要素。

## 2.2 技术创新模式划分概述

技术创新模式是指企业在技术创新具体实践活动中总结提炼出来的，具有高度统一的概括性、典型性、标杆性和稳定性的技术创新的方式、途径和类型的统称。技术创新组织、内容和过程的动态性和复杂性，为不同技术创新模式的形成创造了条件，也使其具有更加丰富的内涵。

### 2.2.1 技术创新组织的视角

#### 1. 政府主导模式

该模式是指企业根据政府制定的相关计划进行创新，以政府通过行政命令手段来促进计划的执行和完成作为最终目的的一种创新模式。政府为创新主体，这一模式是社会主义国家实行计划经济体制的产物，曾经为我国经济的快速发展发挥了重要作用，也存在着诸多弊端。尽管如此，目前许多国家在某些关系到国家安全和国计民生的行业仍采取这种技术创新模式。

#### 2. 企业主导模式

该模式是指企业作为产品技术创新的市场主体，依靠自身开展技术创新整个过程中的活动，并对创新的绩效和结果承担主要责任的技术创新模式。由于企业独自组织技术创新的各项活动，并注重把不同的市场需求和众多技术选项之间进行有效的匹配，从而能够对创新质量和进度进行最佳控制。这种模式强调创新的效果，在竞争性比较高的行业中占大多数，它促进了有限创新资源的合理分配。

### 3. 企业与政府共同参与模式

该模式是指企业根据政府的需求和生产要求，共同组织创新的各项活动，并对创新效果负责的技术创新模式。企业仍作为技术创新的市场主体，必须执行和完成政府计划，政府则通过计划协助企业配置所需要的创新资源。在这种模式下，企业可根据自身能力和市场需求情况决定是否参与技术创新，政府也可以自行选择企业，例如国家垄断行业中的产品研发就属于这种模式。

## 2.2.2　技术创新内容的视角

### 1. 自主创新模式

自主创新是指企业主要依靠自身的努力进行渐进性的创新或重大技术的研发，该过程中所需要的创新资源大部分由企业独自投入，并对创新的投入、过程和结果进行独立监管。这种模式的提出，具有典型的中国特色。企业在研发过程中投入比较大，这包括对内部创新能力的提升和外部知识来源的控制。同时，也需要与其他组织或参与主体建立广泛的联系和交易。

自主创新具有以下优势特征：（1）技术的内生性。关键的技术革新由企业自主完成，其他技术或资源可以采取多种方式辅助完成，如并购、合作等。（2）技术和市场进入的领先性。领先性是指企业通过自主创新率先进入市场，获得先发优势的目标。（3）领域知识和基础能力的内部积累性。自主创新的关键技术是企业依靠自身的力量研发的，需要的创新资源和研发过程的管理皆由企业投入和管理，通过持续的创新努力，企业内部逐渐积累知识、能力、技术等重要资源，这为自主创新成功奠定了基础。

自主创新具有以下劣势特征：（1）研发风险高。由于新技术领域的探索具有较高的复杂性和不确定性，需要企业具备较强的研究开发能力，并为此进行人力、物力和财力的大量投资，从而为企业带来了比较高的风险。（2）投入成本高。该模式对企业的生产和市场开发方面的成本都有很高的要求。

### 2. 引进技术模式

引进技术是指企业通过借鉴先进产品，跟踪领先创新者的创新思路和设计理念，学习和吸取领先者的产品开发的成功经验和失败教训，从而购买或掌握领先者的关键技术和技术诀窍，并在此基础上进一步开发和完善已有产品。企业可投入较少的研发费用和资源获取由其他组织或网络关系提供的外部信息。相对来说，在该模式下企业更加强调制造和分销渠道，而不是资助与产品相关的新知识。尽管市场压力增加，但是这种模式促使企业借助有效的生产和价格竞争，仍能够持续生存。

引进技术模式具有以下优势特征：（1）模仿跟随性。主要通过对领先创新者的技术进行引进、跟随、吸收、学习、反求、改进为主。（2）研发的目的性。为取得更好的研发效果，引进技术模式也需要进行一定的研发投入，但是它的研发活动是有针对性的，为快速满足市场需求，它在已有创新成功的基础上，有目的性地反求和掌握核心技术或对产品进行更新，形成独有的竞争优势，其成功依赖于企业自身已有的技术能力。（3）聚焦于制造环节。引进技术企业将大量的创新资源投入到产品的生产制造阶段，并集中对产品生产工艺进行改进，从而能够生产出更具市场竞争力的产品。

引进技术具有以下劣势特征：（1）技术追随。由于引进技术很少进行研发上的广泛探索和超前投资，只做先进技术的追随者，因此技术方面有时只能被动适应，在技术积累方面难以进行长远规划。（2）独占性制约。领先企业为了获取垄断租金，使得引进技术经常受到自然壁垒和知识产权保护等方面的进入壁垒的制约而影响创新实施的效果。

### 3. 自主创新模式与引进技术模式比较

通过以上对自主创新模式和引进技术模式的特征分析，从中我们可以看出二者之间的异同点，具体如表2-4所示。

表2-4　　　　　　自主创新模式与引进技术模式比较

| 角度 | 模式 | |
|---|---|---|
| | 自主创新 | 引进技术 |
| 创新内容 | 依靠自身努力实现重大创新 | 依靠引进学习实现渐进创新 |
| 创新范围 | 广 | 窄 |
| 创新努力 | 高 | 低 |
| 市场定位 | 市场领先者或挑战者 | 市场跟随者或创建利基市场 |
| 创新周期 | 长 | 短 |
| 创新资源投入 | 研发资源投入较多 | 研发资源投入较少 |
| 创新风险 | 大 | 小 |
| 优势 | 先发优势 | 后发优势 |

### 2.2.3　技术来源和能力形成的视角

在进行产品创新的过程中，一个国家或企业所表现出的技术基础差异，使得企业的技术来源的宽度与深度也表现出不同，从而对技术创新能力的形成产生正向和反向两种不同的方式。此处技术创新的反向模式不同于杰夫·伊梅尔特、维杰伊·戈文达拉扬和克里斯·特林布尔（Jeffrey R. Immelt，Vijay Govindarajan & Chris Trimble，2009）提出的反向创新（reverse innovation），他们认为反向创新与传统的产品全球本土化创新（glocalization innovation）相反，其本质是技术先进国家利用新兴市场中的机会反向获取富裕国家中的产品细分市场价值，企业需要学会在中国和印度等发展中国家本土开发新产品，然后在全世界进行市场推广。

对于那些处于技术和市场领先的企业，技术来源主要是企业自身的技术积累和内部研发，其技术能力的形成过程如图 2－2 所示。

**图 2－2　技术创新的正向模式**

对处于技术追赶地位的国家或企业，通过对外部已有技术的获取、吸收消化以及集成是技术能力提升的重要途径，其创新活动的开展是一种反向的创新过程，技术能力形成过程如图 2－3 所示。

**图 2－3 技术创新的反向模式**

## 2.2.4 技术创新过程的视角

20世纪初，美籍奥地利经济学家约瑟夫·熊彼特（Joseph Schumpeter）在《经济发展理论》一书中首次提出"创新"概念，并将创新概括为"创建新的生产函数"，即把一种从未有过的生产要素和生产条件的"新组合"引入生产体系（约瑟夫·熊彼特，2020）。主要体现在以下五个方面：（1）引进一种新的产品或产品增加一种新的特性；（2）引入一种新的生产方法，即在生产过程中采纳新工艺或新的生产组织方式；（3）开辟一个新市场；（4）获取原材料或中间品的新供应来源；（5）构建一种新的工业组织形态。后来的学者将熊彼特描绘的五种创新归纳为三大类：一是技术创新，包括新产品开发，产品质量改善，新的生产方法、生产工艺的采纳，新原材料的利用；二是市场创新，包括扩大市场份额及开拓新的市场；三是组织创新，包括原有组织形态的变革及新组织形式的采纳。

自熊彼特开始，有关创新理论的研究，一是从技术的创新与模仿、扩散、转移的视角对技术创新进行深入研究，产生了以曼斯菲尔德（Mansfield）、施瓦茨（Schwartz）等为代表的技术创新学派；另外是通过把创新与制度结合起来，分析制度因素与技术创新、经济效益之间的关系，强调制度安排和制度环境对经济发展的重要性，形成了以诺斯（North）等为代表的制度创新学派（李政，2022）。徐茜等（2015）认为技术创新是一个动态的过程，它随着相关影响因素的调整而变化。罗伊·罗斯维尔（Roy Rothwell，1994）从演化的视角，认为从20世纪50年代开始，技术创新的过程模型经历了五代，具体如下所示。

第一代：技术推动模型（technology push model）（20世纪50年

代~60年代中期），如图2-4所示，这是最早提出的模型。技术推动模型强调科学研究和由它所产生的技术发明在技术创新中的决定作用。该模型认为，技术创新是以技术为导向的线性、自发的转化过程，市场是创新成果的被动接受者，表现为科学发现和技术发明推动下从基础研究到产品市场营销的简单线性过程。在这种创新模型中，创新组织大多数为垂直一体化等级制，知识的产生相对集中在少数管理人员，决策制定与实施界限比较清晰。

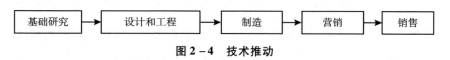

**图2-4　技术推动**

资料来源：Rothwell R. Towards the fifth generation innovation process ［J］. International Marketing Review，1994，11（1）：8.

事实上，许多重大创新确实来自技术的推动，对技术机会的敏感会激发人们的创新努力，特别是新的发现或新的技术常常易于引起人们的注意，并刺激人们为之寻找应用领域。在现实生活中，很多技术创新成果符合这一模型，如核电站、人造橡胶尼龙、半导体、电视机及计算机等。但由于当时生产能力的增长往往跟不上需求的增长，很少有人认识到这些重大创新产品的市场价值。

第二代：市场/需求拉动模型（market/demand pull model）（20世纪60年代中期~70年代早期），如图2-5所示。该创新模型认为，市场和用户需求是创新构思的主要来源，研发活动在创新过程中被动地起着作用，市场需求为产品创新和工艺创新提供了重要的动力，在创新中发挥着关键作用。技术创新活动的出发点是市场需求信息，市场需求信息对产品和技术提出了明确的要求，通过技术创新活动，创造出满足这一需求的适销产品。可见，这是一种以需求拉动的线性创新过程，从市场需求到应用研发，经过制造，最终实现产品销售。对企业来说，这种创新模型更为重要。

**图 2 - 5　市场拉动**

资料来源：Rothwell R. Towards the fifth generation innovation process ［J］. International Marketing Review，1994，11（1）：9.

然而，由于消费者需求变化的有限性和消费者需求变化衡量的困难性，尽管市场需求可能会引发大量的技术创新，但这些创新大都属于渐进性创新，而不像技术推动那样能引发重大创新。渐进性创新风险小、成本低，常常具有重大的商业价值，能大大提高创新者的生产效率和竞争地位，所以企业往往偏爱这些创新。然而，只考虑市场这一因素，将公司所有资源全部投向单纯来自市场需求的创新项目而不考虑潜在的技术变化，是不明智的。

第三代：技术与市场的交互耦合模型（interactive and coupling model）（20 世纪 70 年代早期~80 年代中期），如图 2 - 6 所示。随着创新活动的日益复杂多变，线性模型过于简单化，无法更为具体地描述现实中的技术创新活动，在上述两种模型的基础上提出了技术与市场的交互耦合模型。该模型认为，技术创新是由技术与市场需求的交互作用共同引发的，技术推动和需求拉动在产品生命周期及其创新过程的不同环节存在着交互作用。创新过程可分成一系列职能各不相同，但交互作用、相互独立的阶段，这些阶段虽然在顺序上存在着非连续性，但逻辑上相继而起。创新过程代表了创新组织的技术能力和市场需求的交互融合。

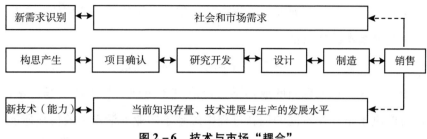

**图2-6 技术与市场"耦合"**

资料来源：Rothwell R. Towards the fifth generation innovation process ［J］. International Marketing Review，1994，11（1）：10.

第四代：一体化/并行模型（integration/parallel model）（20 世纪 80 年代早期~90 年代早期），如图 2-7 所示。该模型强调研发与制造界面的一体化，以及创新组织同供应商和用户之间的密切协作。它根据市场机会、组织架构、企业创新能力及其知识基础之间的相互作用关系来认识技术创新过程，并将企业的技术、组织、制度和市场等过程有机地结合起来。该模型将创新过程分解为产品构想和市场机会

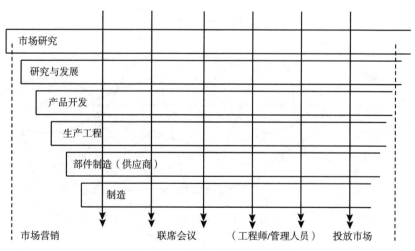

**图2-7 一体化/并行创新模型**

资料来源：Rothwell R. Towards the fifth generation innovation process ［J］. International Marketing Review，1994，11（1）：12.

的识别、产品分析和研发、工程设计、生产、销售等功能模块，囊括了企业最基本的经营活动。

为了解决产品研发中遇到的难题，不同功能模块之间常常需要不间断的反馈。技术创新的成功不仅仅取决于单纯的技术或市场要素，还要取决于企业在不同的创新过程中维系不同业务活动有效衔接所能达到的程度。一体化创新模型的出现，代表着创新管理范式的根本转变，也真实地反映了创新过程的现实复杂性。

第五代：系统集成与网络模型（system integration and network model）（20世纪90年代以后），如图2-8所示。为了更好应对技术的加速更替、产品寿命期的缩短以及日益加剧的竞争环境，该模型在第四代创新模型理念的基础上，加入了信息技术。这一模型把整个创新过程看作一个组织内部和组织外部交互作用的复杂网络系统，不仅把企业内部各种功能要素连接起来，还强调价值链条上合作企业之间更紧密的战略协同，以及与市场的沟通。

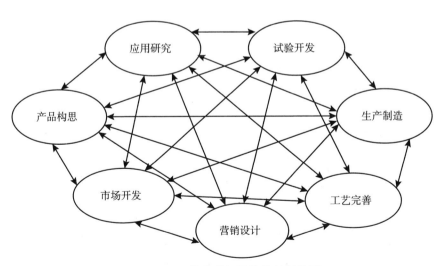

**图2-8 系统集成与网络的创新模型**

资料来源：Rothwell R. Towards the fifth generation innovation process ［J］. International Marketing Review, 1994, 11（1）: 13.

　　尽管罗斯维尔的第五代技术创新过程模型从技术管理与战略的角度对创新过程描述，揭示了创新过程信息化的趋势，几乎对信息技术和信息系统在企业技术创新中的具体应用都进行了概括。但是，该模型反映了罗斯维尔基本上把信息看作是一种数据，看作是一种机器可读的资料，同时也反映出他对技术创新本质的理解还只是一种循环的互动观，没有进一步深入揭示技术创新的创造性本质。

　　通过对以上模型的分析可知，前三种创新模型是较为离散的、线性的模式。在实际的创新过程中，知识与信息发生于每一环节与阶段，因而创新过程中所包括的各阶段、各环节不能被截然分开，实际上它们是一体化过程。第三代的交互耦合模型在线性模式的基础上，增加了多个反馈环节，但就其展开顺序而言还仅是附加了反馈环节的线性过程，对各要素的自身性质缺乏考察，实质上仍是一种比较被动的机械反应与反馈模型。第四代和第五代创新过程模型的诞生，表明技术创新管理在理论与实践上发生了根本的变化，逐渐从线性、离散模式朝着集成、网络化复杂模式的方向转变。由于企业面临着日益复杂的产品技术选项和创新网络，信息技术的发展和云计算服务的发展，为创新系统管理的集成思想产生创造了条件，使集成创新的相关研究也逐渐成熟。

##  2.3　复杂产品系统的研究现状

### 2.3.1　复杂产品系统的提出

　　复杂产品系统（complex products and systems，CoPS）概念，是英

国萨塞克斯（Sussex）大学科学政策研究所（Science Policy Research Unit，SPRU）机构的研究人员在20世纪90年代中期提出的。它包括航空航天系统、大型计算机及智能大厦等，尽管批量小、成本高、技术和工程密集，但为研究某些复杂装备产品的开发提供了非常有用的分析工具。霍布德（Hobday，1998）通过研究航空发动机、通信设备等装备产品的创新，发现这些产品与传统大规模制造产品的技术创新过程存在许多不同，其中，"复杂"是指产品所包含定制元件的数量、需要的知识和技能的宽度以及新知识的多寡，并在此基础上把复杂产品系统定义为高成本的、技术密集的、用户定制的生产资料、系统、网络、建筑以及服务等。汉森和拉什（Hansen & Rush，1998）认为，复杂产品系统是指高成本、工程和信息技术密集、具有大量定制元件或子系统的定制化产品，如飞行模拟器、建筑设施、离岸油井平台及许多其他重型工程产品和系统。

由于复杂产品系统不但构成了现代经济的技术支柱，而且其创新行为难以运用传统的创新管理理论进行解释，使复杂产品系统的研究在技术创新领域已经引起许多学者的重视。目前，已有研究成果主要是在对处在技术领先地位的欧美企业案例研究的基础上形成的。兰杰巴尔等（Ranjbar et al.，2019）指出，某些发展中国家正积极进入复杂产品系统市场，但已有的研究对此很少涉及，迫切需要对此进行深入研究，以揭示这些国家是如何实现追赶，以及这一过程中的成功经验与教训。由于国内对复杂产品系统概念还缺乏统一的理解，同时本土装备制造业的发展具有鲜明的特点，在整体上还处于技术追赶的位置，为此，针对自主创新过程中面临的问题，我们有必要开展针对性的研究，做到有的放矢。

## 2.3.2　复杂产品系统的特点

装备产品具有明显的复杂产品系统特征，与大规模制造产品相比，二者在产品和生产特性、创新模式、竞争战略、市场特点以及管理约束方面存在差异。例如，复杂产品系统设计和实施经常需要由多个组织组成的临时项目小组开展。而且，为了能够设计、开发、集成和制造产品，复杂产品系统的多元件多技术本质要求制造商熟悉多个技术领域。

复杂产品系统具有用户定制、技术复杂、耦合度高以及生命周期较长等特点，如表2-5所示，由于复杂产品系统强调某些关键制造商在产业中充当他们自身内部活动和外部参与者网络活动协调者的角色，因此，理解复杂产品系统的特点在装备产品集成创新过程中发挥着重要引导作用。

表2-5　　　　复杂产品系统与大规模制造产品创新特点对比

| 内容 | 复杂产品系统（CoPS） | 简单大规模制造产品 |
| --- | --- | --- |
| 产品特性 | 复杂元件界面 | 简单界面 |
| | 性能与服务竞争 | 进行成本竞争 |
| | 多种技能和知识 | 所需知识和技能较少 |
| | 功能复杂 | 功能简单 |
| | 单位成本高 | 单位成本低 |
| | 产品生命周期长 | 产品生命周期较短 |
| | 众多的定制元件 | 标准元件 |
| | 架构多层次、系统性 | 架构简单 |

续表

| 内容 | 复杂产品系统（CoPS） | 简单大规模制造产品 |
|---|---|---|
| 生产特性 | 项目、小批量生产 | 大规模、大批量 |
| | 系统集成 | 制造系统设计 |
| | 不具有规模经济效应 | 具有规模经济效应 |
| | 规模密集型 | 增量过程，以成本控制为中心 |
| | 政府引导 | 企业自主生产加工 |
| 创新过程 | 用户与生产者联合驱动 | 供应商驱动 |
| | 涉及的技术种类多 | 涉及的技术种类少 |
| | 涉及的隐性知识多 | 显性知识比较多 |
| | 注重模块的设计与研发 | 注重规模经济性和低成本 |
| | 供应商、用户从早期就参与创新 | 创新过程服从于市场选择 |
| | 知识附属于掌握知识的那部分人 | 技术诀窍固化于机械之中 |
| | 强调系统集成能力 | 强调工艺创新 |
| | 建立多企业合作的技术联盟 | 注重内部开发 |
| 产业结构，组织和演化 | 高度复杂制度 | 大型企业或供应链结构 |
| | 基于项目的多企业联盟 | 单个公司，大规模生产 |
| | 创新和生产的临时多企业联盟 | 通常为研发或资产交换建立联盟 |
| | 重大技术变革下的长期稳定性 | 产业变动的主导设计信号 |
| 市场特性 | 双寡头结构 | 众多买卖双方 |
| | 少量的大型交易 | 大量的交易 |
| | 非市场机制 | 市场机制 |
| | 制度化的或政治化的 | 交易 |
| | 高度管制或控制 | 较少管制 |
| | 谈判价格 | 市场价格 |
| | 部分竞争的 | 高度竞争的 |

资料来源：Hobday M. Product complexity, innovation and industrial organisation [J]. Research Policy, 1998, 26 (6)：699.

装备产品开发和生产组织活动需要围绕与其对应的复杂产品系统的特点展开，这致使产品集成创新模式在装备制造业创新过程中也表现出不同特点，因此，我们需要对不同装备产品集成创新的特征进行有效识别，从不同角度出发，研究也才能更具有意义。

## 2.3.3　复杂产品系统的创新

复杂产品系统创新是一种特殊形态的创新过程，它建立在大规模制造产品创新的基础上，同时又具有许多与大规模制造产品创新过程不同的特点。复杂产品系统的复杂性表现在以下几点：首先，在技术的宽度和深度方面，涉及大量不同技术在系统的不同层次上相互作用；其次，从设计、生产、销售直至产品服务的过程复杂、费用高；最后，产品架构具有典型的层级结构，包含了大量不同领域的元件和子系统，不但涉及较多的内嵌系统软件，而且大部分部件也需要定制（Tae - Young，2013）。霍布德（1998）认为，复杂产品系统的创新是一个巨大、复杂且技术密集的系统工程，在产品研发过程中产生的大量信息需要在技术人员和用户之间传递和共享，致使传统的管理方式不能有效地解决这些问题。汉森和拉什（1998）指出，由于复杂产品系统的高度定制化，在其概念形成阶段，用户应该高度参与到新产品的创新中来，在产品研发直至提供服务的整个过程中，用户的信息反馈对复杂产品系统的创新起着关键性作用。

复杂产品系统的技术和工艺复杂性以及元件层级结构等特点，使得集成能力在企业产品开发和生产过程中变得至关重要。安德鲁·戴维斯和蒂姆·布雷迪（Andrew Davies & Tim Brady，2000）在钱德勒（Chandler）的组织能力框架基础上，提出了项目能力的概念，并通过建立组织学习周期模型来说明企业应根据环境变化进行调整，形成动态组织能力，赢得重复经济（economies of repetition），从而促进企业将其核心能力不断转移到新的商业领域；安德里亚·普伦奇佩（Andrea Prencipe，2000）以航空发动机控制系统为例，表明企业发展和保留一定宽度和深度的内部能力的重要性，并通过深度和广度衡量企业技术能力，指出企业不仅应关注产品建构层次的能力，更应重视深度发展元件层次的技术能力，共同促进系统集成能力的成长，这将有助于系统集成商在产品研发与制造过程中不断集成新技术，并最终成功集成为新产品，并根据复杂产品系统的特点和技术基础的构成，将复杂产品系统的知识分成三个不同的但交互作用的层次：一是属于不同科学和技术范式的元件或子系统知识；二是在元件和子系统之间交互作用，形成反馈回路的架构知识；三是把元件和子系统连接在一起进行集成构成完整系统的系统知识。保利和普伦奇佩（Paoli & Prencipe，1999）指出知识扎根于产品生产的情境中，而系统集成商通常需要掌握不同领域的知识基础，它通过建立虚拟企业获取知识来构建全新的产品技术构架，对产品开发任务进行分解，并将任务外包给专业供应商。

目前，CoPS 的研究引起了国内学者的广泛关注。陈劲等（2007）提出了基于模块化开发的复杂产品系统的创新流程，并以地铁交通控制系统为例进行了实证。刘兵等（2011）研究表明，CoPS 生产企业由于技术来源不同使其技术能力成长具有路径依赖性，并以合资企业与国内企业为例进行了比较分析。闫华锋（2018）在将 CoPS 创新要素划分为核心要素和周边要素的基础上，构建了 CoPS 创新过程的评价指标体系。袁媛等（2019）则对装备制造业复杂产品研发的关键因素，例如战略管理能力、资源能力、项目管理能力等进行了分析。刘延松和张宏涛（2009）与贺俊等（2021）都将复杂产品系统技术能力分为元件能力、建构能力和系统能力，其中，后者还以工业风机为例分析了复杂产品系统技术能力演进与业务升级问题。高文（2018）从商业模式、复杂产品系统集成解决方案提供商的能力需求和为用户创造的价值等方面研究了复杂产品系统的集成解决方案问题。魏江和王铜安（2007）通过对装备制造业与 CoPS 的比较分析发现，两者虽然有一些差异，但总体上有很高的相似性，从理论和实践两个层面上，CoPS 对中国装备制造业的借鉴意义都十分巨大，CoPS 作为装备制造业研究的理论基础不但有可能性，而且有必要性。

### 2.3.4　复杂产品系统创新模式的研究

由于复杂产品系统在现代经济发展中起着关键作用，它的开发对提升我国综合国力及产品竞争力有着至关重要的影响。但由于我们所掌握的技术知识大部分来源于传统的大规模制造产品，而复杂产品系统与传统大规模制造产品技术构成和开发模式都有着较大区别，因此总结提炼已有的复杂产品系统开发模式对我们深入地分析本土装备产品的集成创新模式有着重要的借鉴和启示。

与一般产品创新相比，在复杂产品系统的创新过程中，经常需要由原材料和模块供应商、系统集成商、融资机构、政府部门以及用户等利益主体组建以创新为导向、以合同契约为保证的跨企业技术联盟。在组建跨企业技术联盟的同时，由利益相关者的高层管理人员组成技术联盟管理委员会对合作各方的工作进行协调，主要目的是完善复杂产品系统科学研究与试验发展（R&D）过程的监督和响应机制，协调参与各方利益，减少参与各方之间的分歧，提高 CoPS 项目中各成员的研发效率，从而降低复杂产品系统的创新成本。在日趋复杂的技术和工艺背景下，大部分的 CoPS 项目是由多个组织共同建立的复杂网络完成的，这需要在系统集成商、供应商、研发机构、用户、专业机构以及政府管制部门等参与者之间建立起完整可靠的信息沟通渠道，并建立起有效的利益分配机制和行为约束机制，促进知识的产生、获取和集成。

卡什和雷克罗夫特（Kash & Rycroft，2002）根据网络与技术的演化轨迹，提出了复杂产品系统的三种创新模式，即转换模式、正常模式及变迁模式，并以六个案例分析了核心能力、互补资产、组织学习、路径依赖以及选择环境在不同模式中的变化。戴维斯（1998）研究了电信设备的创新过程，并探讨了政府在类似电信设备这类受政府管制的复杂产品系统创新过程中所采取的政策措施。霍布德等（Hobday et al.，2015）指出，在复杂产品系统的创新过程中，CoPS 系统集成商与模块分包商之间经常密切合作，并通过案例进行了分析。甘恩和萨尔特（Gann & Salter，2000）从公司层面探讨了复杂产品系统的项目管理过程，涉及项目的组织形式、创新及知识管理等，并指出 CoPS 创新的组织形式应选择以项目为基础的组织（project-based organization，PBO），尤其是创新不同阶段中供应商与用户的协同合作。安德鲁·戴维斯（Andrew Davies，2011）在案例研究的基础上，对 PBO 与跨职能部门的矩阵式组织进行了比较，证实了以项目为基础的组织形式在复杂产品系统创新中更为有效。

安德鲁·戴维斯（2004）等从价值链增值角度提出复杂产品系统的创新过程模型，认为复杂产品系统的创新过程由早期阶段、制造、系统集成、运营、提供服务、终端用户组成，如图 2 - 9 所示。

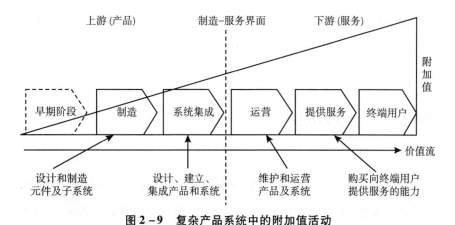

图2-9 复杂产品系统中的附加值活动

资料来源: Davies A. Moving base into high-value integrated solutions: A value stream approach [J]. Industrial and Corporate Change, 2004, 13 (5): 737.

国内许多学者也对复杂产品系统创新模式开展了大量的研究工作。陈劲和桂彬旺（2007）在案例研究的基础上，提出了基于模块化的包含系统功能分析、架构设计、模块分解与外包、模块开发、系统集成与跟踪完善六个阶段的复杂产品系统创新模式，这个模型有别于一般简单产品创新的模块化分解、模块研发与制造、模块集成与测试三个阶段模型。崔淼等（2012）提出了一个复杂产品系统创新三阶段漏斗模型，它包括涌现式创新、设计式创新和指导下创新三个阶段。苏敬勤和刘静（2013）指出，由于复杂产品系统在产品特征、生产特征、创新过程、市场特征等方面与传统的规模化生产产品相比，具有明显的不同之处，认为基于项目的创新组织形式更适合进行复杂产品系统的创新。闫华锋和仲伟俊（2014）认为，复杂产品系统创新过程的复杂程度高于大规模制造产品，并结合自动化行业产品案例提出了包含创新思想、任务分解、外包选择、模块开发、集成联调及交付用户和跟踪完善等阶段的 CoPS 创新的过程模型。

以上模式的提出都是从不同的角度进行解析的，为装备产品集成创新模式的划分和分析提供了思路。

## 2.4 本章小结

本章运用文献研究方法，对与本书密切相关的已有理论和实证研究进行了系统的回溯和评析，主要包括集成创新及其理论拓展、技术创新模式及复杂产品系统理论三个方面。通过考察国外关于技术集成、技术融合、系统集成及集成产品开发等案例和理论研究，从理论角度论证了本书的重要意义，并从一个侧面论证了现阶段对我国企业的集成创新现象进行系统研究和理论提升的重要现实意义，同时，也为本书在案例的选取和实证研究的开展提供了有价值的参考。

通过对文献的评析发现，首先，已有集成创新的研究多是理论性或探索性的，实证研究相对有限，其研究对象集中在互联网技术（IT）、汽车、制药等行业，针对本土装备制造业产品的研究较少涉及。其次，作为一种新兴的创新管理范式，集成创新的管理流程和结构化方法尚未得到总结和提炼，给企业有效开展集成创新带来不少困难。最后，已有研究成果主要是对处于技术领先地位的欧美、日本等发达国家的企业研究形成的，而对处于技术追赶地位的中国企业而言，某些研究结论就有可能失效。因此，对本土企业集成创新的模式展开深入地研究以及如何选择有效的模式开展集成创新显得尤为迫切。

总的来看，国外学者在对西方高度发达的工业经济背景下的知名企业进行经验研究基础上逐渐建立起来的技术集成理论，可以为我国装备制造企业探寻有效的集成创新模式提供重要的理论支持，但由于我国的企业无论是在技术水平还是发展历程上均与发达国家企业存在较大差距，因而有必要根据装备制造企业及其产品特点，以本土装备产品开发项目为研究对象，进行相关研究，构建适用于本土装备产品开发的集成创新模式，从而更加有效地促进集成创新理论在产业界的推广应用。另外，随着国内外环境的不断变化，在实现装备产品由"中国制造"向"中国创造"的转变过程中，对我国企业自主创新能力要求的不断加强，也有必要在对集成创新模式进行深入研究的基础上，选择符合现阶段企业实际发展状况的装备产品集成创新模式，以期为相关部门决策提供理论指导和管理工具。

# 第3章

# 装备制造业产品集成创新的模式研究

外部创新环境的变迁促使企业的创新模式产生新的变化，集成创新作为技术创新管理的一种新范式，已成为中国装备制造企业实现自主创新的重要途径。已有国内学者的研究大多着重于某些行业或某一具体的创新项目的案例研究，从宏观层面对集成创新意义、特征以及机制等方面的研究较多，而对集成创新模式的研究尚存在不足。为此，以本土装备产品开发项目为研究对象，采用多案例研究方法开展有针对性的研究，以期为装备产品的集成创新实践提供理论和管理支持。

## 3.1 研究方法与分析框架

### 3.1.1 研究方法

案例研究方法适用于对现象的理论，寻找新的概念和思路，乃至理论创建，它包含特有的设计逻辑、特定的资料收集及独特的资料收集方法（陈晓萍和沈伟，2018）。案例研究可分为单案例研究和多案例研究，单案例研究适合探索性工作，而多案例研究更适合理论创建。根据艾森哈特（Eisenhardt，1989）和罗伯特·殷（Robert Yin，2013）研究，案例研究比较适用于描述性、探索性及因果性的研究，适合解决"怎么样"和"为什么"类型的问题。通过案例对管理现象和问题进行描述、解释以及探索性的研究，有助于深入认识与求证一般性理论在特定情境下的应用范围。蒙托亚和卡兰托尼（Montoya - Weiss & Calantone，2010）指出，在新产品开发领域，选择案例研究方法是特别适合的。为此，本书将基于上述理论观点和多案例研究方法，探讨装备制造企业，其装备产品的集成创新模式是如何划分的，是如何通过不同集成创新模式进行产品开发来获取持续竞争优势的，又是如何进行模式选择的。

艾森哈特（1989）认为在案例研究过程中，在启动阶段，需要清楚界定所研究的问题，如果不把研究问题确定好，研究者会被案例所呈现的现实世界的大量信息所淹没；在案例选择阶段，为了更好地揭示研究的问题，需要选择典型案例，而不是随机选择，并进一步指出，在采用案例研究方法时，不要有任何预先设定的理论，这是由于预先设定的理论会使研究人员的视角变得具有一定倾向性，从而使研究发现出现偏差。为此，提出了案例研究方法的八个步骤，如表3-1所示，该步骤也得到了国内外案例研究方法论学者们的普遍认同。因此，本书是依据案例研究方法的基本原则和步骤开展的。

表3-1 案例研究的理论构建过程

| 步骤 | 活动 | 目的 |
| --- | --- | --- |
| 启动 | 界定研究问题 | 聚焦努力 |
| | 可能的先验概念 | 为构念测量提供更好的基础 |

续表

| 步骤 | 活动 | 目的 |
|---|---|---|
| 案例选择 | 既没有理论，也没有假设 | 保持理论的弹性 |
| | 聚焦于特定样本群 | 限制外生变异，强化外部效度 |
| | 理论抽样，而非随机抽样 | 聚焦于有理论意义的有用案例，如那些通过满足概念性分类而复制的或扩展的理论 |
| 确定工具和研究程序 | 多元资料收集方法 | 通过三角证据强化理论基础 |
| | 定性和定量的资料组合 | 证据的协同增效观点 |
| | 多位调查者 | 培养发散的视角，并加强基础 |
| 现场调查 | 反复的资料收集与分析，包括现场笔记 | 即时分析和揭示有用的发现，并随时对资料收集进行调整 |
| | 采用灵活的和随机应变的资料搜集方法 | 允许调查者利用新出现的主题和独特的案例特征 |
| 分析资料 | 案例内分析 | 能够熟悉资料，并进行初步的理论建构 |
| | 利用不同的技巧寻找跨案例的共同模式 | 促使调查者超越初始的印象，并透过多种视角审查证据 |
| 形成假设 | 对每个构念进行证据的持续复核 | 精炼构念定义、效度，以及测量 |
| | 跨案例的逻辑复制，而非抽样复制 | 确认、扩展及精炼理论 |
| | 探查关系背后"为什么"的证据 | 建立内部效度 |
| 文献对照 | 与冲突性文献的比较 | 建立内部效度，提升理论层次，以及完善构念定义 |
| | 与类似文献的比较 | 提升类推能力，改善构念定义，以及提高理论层次 |
| 研究结束 | 尽可能地达到理论饱和 | 当理论的边际改进变得微小时，结束研究 |

资料来源：Eisenhardt K M. Building Theories from Case Study Research [J]. The Academy of Management Review，1989，14（4）：533.

**1. 案例选择标准**

由于案例研究聚焦于理解某个特定情境中出现的动态性，其目的是归纳出理论，而不是依据概率论原则进行理论验证，因此案例研究样本的选择不需要遵循统计抽样或随机抽样，一般遵循获取精确统计证据的理论抽样原则，要求案例本身具有足够的特殊性和典型性即可。大量的来源相同的案例只能增加研究广度而无助于提高研究深度，案例选择不能只从数量上决定（Easton，2010）。借鉴上述学者的研究结论，总结已有研究成果，有意地选择那些独特、补充或批判的案例，使其具有足够的典型性和代表性。

**2. 案例数量**

格雷布纳（Graebner，2007）指出，多案例研究设计可以更好地提炼出理论，并能通过案例的重复支持研究的结论，从而提高研究的效度，同时，多案例的研究能够更全面地了解和反映案例的不同方面，从而形成更完整的理论。罗伯特·殷（2013）认为，进行多案例研究时，即使有两个案例，也有进行案例逐项复制的机会。遵循这些学者的建议，并结合案例选取的实际情况，最终在每种模式下选择2个以上的嵌入性分析单位，形成了多案例单层次的设计方式，案例是严格按照筛选标准进行选取的，具有典型性和可比性且符合研究主题。

多案例设计类似多项实验一样，其结论比单案例设计更加有说服力，但所费的时间、所投入的成本及所投入的努力也比较多。其主要好处是，首先，除了可以在一项研究中同时找到正面和反面的证据之外，还可以探讨同一概念在不同场合下的运作结果。然而，多案例设计的案例选择必须考虑案例间的关联性。其次，分析也较为复杂，需要进行案例间的比较，以寻找类别内案例（intragroup similarity）与类别间案例（intergroup similarity）的相似与相异之处。通过对比各项主题，从多方寻找支持与对立证据，互相校准、复核，从而形成更为坚实的理论与命题（陈晓萍和沈伟，2018）。

### 3. 资料的收集与分析

为了确保研究的效度和信度，本书在资料收集、资料分析等环节都遵循了部分学者（Patton，2006；Robert Yin，2013）的建议。案例研究最常见的信息来源有六种，即文献、档案记录、访谈、直接观察、参与性观察和实物证据，具体如表3-2所示。

表3-2　　　　　　　　六种证据来源途径的优点和缺点

| 证据来源 | 优点 | 缺点 |
| --- | --- | --- |
| 文献 | 稳定：能够重复查阅 | 检索性：可能低 |
| | 真实：不能介入案例活动 | 有偏见的选择：收集的文件不完整 |
| | 准确：明确的资料和清楚的细节 | 报道偏见：反映作者（未知）的偏见 |
| | 范围广泛：横跨各种人、事、时、地、物 | 获取：使用权会受到限制 |
| 档案记录 | 同上（文献） | 同上（文献） |
| | 精确、量化 | 档案隐私性影响某些资料的获取 |
| 访谈 | 目的性：直接聚焦于案例研究的主题 | 设计不当的构念会造成偏颇 |
| | | 回答误差 |
| | 洞察力：可以获得有深度的解释 | 回忆不当影响精确度 |
| | | 内省：被访者有意识地迎合访谈者 |
| 直接观察 | 真实性：直接看到真实生活中发生的事件 | 费时费力 |
| | | 选择性的情境可能有偏颇 |
| | 联系性：能察看事件发生的情境 | 内省：观察者察觉有人在观察时，会调整和掩饰自己的行为 |
| | | 代价：人力观察需要时间 |

续表

| 证据来源 | 优点 | 缺点 |
|---|---|---|
| 参与性观察 | 同上（直接观察） | 同上（直接观察） |
| | 能深入洞察个人行为与动机 | 由于调查者的操作会造成偏见 |
| 实物证据 | 对文化特征的洞察 | 选择性 |
| | 对技术操作的洞察 | 可获取性 |

资料来源：Yin，R. K. Case Study Research：Design and Methods ［M］. London：Sage Publications，2013：95.

研究主要采用了以下四种途径：①文献，对案例公司的现有研究；②访谈，首先围绕研究领域，通过阅读文献及有关资料确定基本的研究框架，并经过反复讨论确定具体的研究问题，然后根据研究问题确定研究对象的选择标准，形成访谈提纲，最后对案例公司研发主管和技术人员进行访谈，邀请他们提供和核实有关信息并就主要研究问题的理论构念提出意见；③直接观察，在访谈之余，对案例公司的产品生产现场进行参观；④案例公司内部的各种宣传资料、数据及技术材料等。

### 3.1.2　维度选择

装备产品包含许多子系统和定制化元件，以及将它们连接在一起的控制单元，这些元件按照复杂的层级结构组成整个产品系统。在集成创新的过程中，需要从外部集成大量的技术，同时产品由不同的相互独立的子系统、功能模块耦合而成，这为我们选取技术依存度和模块化程度两个维度进行模式分析提供了条件。其中，技术依存度是描述企业在进行新产品开发的时候，在多大程度上依赖于外部的技术资源。而模块化程度则是描述企业在开发新产品的过程中，外部技术在多大程度上是以模块或元件的形式与产品架构中其他逻辑单元耦合的。

## 1. 技术依存度

依据资源依赖观，组织的战略选择和行动会受到组织所在的外部环境的影响，特别是环境所产生的压力和制约。组织被外部环境控制，它们只有在长期的扩张和生存中依靠外部的资源，包括资金和无形资源，如知识、建议等，促使组织依赖于这些资源的外部来源。由于组织被嵌入在相互依赖的网络和社会关系中，可以通过开放的治理结构与外部环境产生联系，获取资源。外部资源依赖影响企业内部的权力动态，组织追求特定战略时需要对外部提供的资源拥有更多影响力，以减少资源获取的不确定性，并管理那些重要的环境依赖，以及帮助组织获得维持组织生存的关键性资源。

目前，集成创新作为技术创新管理的新范式逐渐引起人们的重视，在市场需求快速变化和技术存量迅速膨胀的背景下，企业在产品创新过程中需要在技术存量与市场需求之间实现高效的集成。企业的技术基础是自身必须拥有的技术能力或知识资产。技术基础作为资产，能够以多种方式获取、开发和利用，在此基础上，我们可以更好地识别通过不同技术来源战略建立企业技术基础和技术利用战略之间的关系。越来越多的企业从大学获取大量的研究成果以及从竞争对手、用户和供应商获取产品开发所需要的新技术，并与他们建立联盟共享成本和风险，对外部技术来源产生了一定的依赖性，其结果的好坏因企业不同而发生变化。然而，总的来说外部技术来源的程度与企业强化内部的研发效果表现出一致性，但当这些依赖随着时间的推移出现增长时，很明显每个企业也将会暴露出更多的风险。

企业的产品被嵌入到日益复杂的技术网络中，产品开发在某种程度上需要从外部集成一定数量的技术，使得不同的技术来源战略或许互相结合在一起。由于不同企业获取和吸收外部技术，然后与内部企业研发进行集成的能力不同，从而对外部技术资源产生一定程度的依赖。针对产品创新过程中的多种技术来源，对不同技术获取机制的优劣势进行了分析，如表 3 – 3 所示，企业可以将基于多元化技术的产品作为一种战略，能够从一系列相关技术中获利而避免高度依赖某些外部获得的技术所带来的风险。科技全球化趋势使得各种外部技术资源的影响日益增强，行业内领先企业技术垄断的优势逐渐被瓦解，知识和技术以前所未有的速度在全球范围内扩散和转移，促使了企业封闭式创新模式向开放式创新模式的转变。慕玲和路风（2003）认为以本土市场需求为起点，通过开放的产品建构和企业互动模式来集成各式各样的技术资源，能够提高产品开发绩效和生产率。

表 3 – 3　　　　　　　　　　不同技术获取途径的机制表现

| 机制 | 优势 | 劣势 |
| --- | --- | --- |
| 运用隐性知识 | 内部的，知识具有高度专业性；不容易被复制 | 难以运用；需要经过说明和理解过程 |
| 内部正式研发 | 战略指导；完全控制；在研发过程中学习；知识保留在公司内部 | 高成本和投入；有风险，不能够保证成功 |
| 内部研发和外部网络联系 | 除非签订关于知识产权的清晰合同，否则对知识的控制力不如正式研发强 | 成本和风险 |
| 逆向工程 | 低成本；提供了关于竞争者工艺和产品的理念；可以通过推断获得知识，但是需要一定的技术水平 | 取决于推断能力；知识可能以各种方式被保护起来，例如版权或专利 |
| 隐性获取技术和内部研发 | 迅速获取知识，通过内部技术能力管理相关知识 | 不合法；内部研发成本 |
| 隐性获取 | 快速获取知识 | 不合法；不能够将外部知识转化成内部知识 |

续表

| 机制 | 优势 | 劣势 |
|---|---|---|
| 技术转移和吸收 | 容易获得知识——其他人已经开发出来，并将其组合好 | 成本；不能理解和无法充分利用技术；受到许可证等因素的制约，无法进行深入的探索和学习 |
| 合同研发 | 速度和重点 | 成本；缺乏控制；缺乏学习效果——其他人也处于学习和试验阶段 |
| 战略研发伙伴 | 与互补知识体系相结合，使复杂的问题得以解决 | 成本；合作关系无效的风险；由于技术是他人开发出来的，因此缺乏学习过程 |
| 许可证交易 | 快速获得知识 | 成本；有限的学习——可能受到许可证等因素的限制 |
| 购买 | 快速获得 | 成本；缺乏学习 |
| 合资企业 | 与互补知识体系相结合，使复杂的问题得以解决 | 成本；合作无效的风险；由于技术是他人开发出来的，因此缺乏学习过程 |
| 收购 | 快速获得知识；控制知识 | 成本；或许不能够吸收知识 |

　　技术作为"硬件"由特定的人工物品，例如产品、机器、设备及软件等构成，这些人工物品将会决定未来新的人工物品开发的可能发展方向。演化经济学的观点认为，企业技术的自我依赖程度与外部技术依赖之间的平衡依赖于企业的历史和创新态度等特定因素，其知识基础及运作惯例会增强技术的路径依赖，限制外部技术知识的集成速度或新知识的产生，为此，我们需要打破以往企业采纳不同外部技术资源所产生的路径依赖，这有利于新技术知识的应用，从而在某种程度降低了对某些外部技术的依赖程度。野中郁次郎、比索耶和博鲁基（Ikujiro Nonaka，Byosiere & Borucki，2011）指出企业通过多元化的外部技术知识获取渠道，有可能为新产品的开发创造重大的新知识，从而能够摆脱对某些技术资源的依赖。

对于装备制造业产品而言，它通常由许多不同技术领域的元件、子系统集成所得，其本质特征是不同技术在系统不同层次上相互作用的多技术系统，使技术集成在企业产品开发和生产过程中变得至关重要。在技术复杂化以及多元化背景下，产品的技术基础经历变迁，包括那些对企业而言比较新颖的额外互补技术，一部分旧技术被替代，使得产品的技术基础缓慢地变迁或转型，整个企业的技术基础变迁更是如此，并对不同的技术来源形成了不同的获取或依赖程度。

爱德华·罗伯特（Edward Roberts，2001）从 1995～2001 年的调查数据中研究发现，企业对某些形式的外部技术获取产生很高的依赖，在北美公司增长比率甚至更高，并发现企业利用外部组织的技术越多，来自新产品收入的比例及其竞争优势越高。约翰·科特（John Kotter，2014）认为技术资源对企业新产品开发的重要性、潜在外部技术资源供给数量以及不同技术来源供应商的转换成本将会影响企业对外部技术资源的依赖程度，并指出，由于某些技术资源具有法律授权或组织能够影响其他组织技术资源的获取，这时组织可以依赖外部技术资源。

外部技术来源的依赖程度也强烈地与技术的新颖性及变革调整的感知能力相关，这意味着外部技术来源在某种程度上增加了新产品开发的柔性而不是限制。竞争优势赋予那些擅长利用各种契约形式以及与它们关联的不同组织进行技术集成的企业，这要求企业具有识别、评价、消化吸收和利用已有外部技术的能力，使外部技术来源逐渐成为企业和产品层次的一个重要战略。弗里曼和苏特（Freeman & Soete，2012）指出，不同的共性技术源战略需要考虑不同类型的契约，外部技术来源是科学和技术信息的重要辅助和互补来源，而不是企业内部的创新活动的替代。可见，装备制造企业在具有内部研发能力的同时，还需要积极有效地利用外部技术资源。基于以上分析，我们选取技术依存度作为装备产品集成创新模式的划分维度。

## 2. 模块化程度

为了缩短产品开发前置时间和快速廉价地为顾客提供更广选择范围的定制化产品，企业面临着越来越多的压力。许多企业正在寻找更好的途径集成自身的新产品开发能力和组织与供应链管理能力。企业新产品开发的新困境不仅来自通过标准化元件大规模生产的规模经济，还来自通过定制化、渐进创新以及利用柔性制造系统的产品多样化的范围经济，以及快速的顾客响应和供给柔性。模块化在技术变革和制度经济学中的研究表明，技术模块劳动分工的进步为产品项目的垂直专业化实施创造了机会，促使企业分解价值链，并横跨企业界线和地理边界进行扩散，进而改变产业结构和市场。

模块化设计被看作是处理复杂产品和流程的重要手段，通过把复杂任务分解成比较简单的部分，从而允许任务在能够被独立管理的同时又没有降低绩效的情况下整体运行的一种方法。模块化效应不仅对价值链中的行业标准产生影响，而且还影响企业的长期技术战略和政策，涉及架构和模块创新。模块产品可以保护企业的市场支配力和架构控制，特别是当企业占有独特资产或获取互补资产（Helfat & Raubitschek，2018），使企业能够承受用户对模块化产品的需求所产生的压力。

模块化观念作为战略可以追溯到 20 世纪 60 年代赫伯特·西蒙（Herbert Simon）提出的"近似可分解的系统"和模块化生产概念，描述如何设计、开发以及生产零件，从而能够用最大数量的方式组合产品来满足消费者的多样性和独特性需求，此后，在管理领域引起广泛影响。鲍德温和克拉克（Baldwin & Clark，1997）认为模块化是一种特殊的设计规则，其参数和功能结构在模块内是相互依赖的，在模块之间是相互独立的，能够独立于系统单独进行测试；模块有以下特点：模块是相互连接的子系统，彼此之间不存在依赖性，模块可以执行一个或多个功能，并与其他模块连接来执行整个产品功能（Sanchez，2000）。模块化能促进专业化分工，不同模块可以并行地创新，模块之间重新组合能够提高产品系统整体性能（Schilling，2000）。李春田（2007）认为，模块化既是一种产品设计方法，也是标准化的高级形式，模块化以具有特定功能的标准模块为单位建构产品的标准化形式。这使模块化理念和方法被用于产品的设计和生产，推动了其在理论界和产业界中的应用。尽管如此，现有研究集中在模块化如何创造价值，而对其价值获取的研究在很大程度上被忽视（Harhoff，Henkel & Hipple，2003）。

模块作为一个半自律的子系统，通过与其他系统松散耦合，完成整个价值系统的集成和创新，从而实现产品价值链的增值。随着产品复杂性的加强，对复杂系统进行模块分解就成为必要，而模块化制造已成为全球零部件工业的发展趋势，为其提供了解决思路。它是将复杂产品的产业链按照一定的"块"进行调整和分割，按照模块组织生产和供应，制造商保留产品研发、产品设计的技术控制，将高度模块化的生产过程外包给供应商（吴正刚等，2005）。在复杂产品系统中，产品功能通过不同的和相对独立的模块加以实现，模块之间的接口是根据一套接口标准进行设计的，模块具有可替代性，其模块化制造概念框架如图3-1所示。

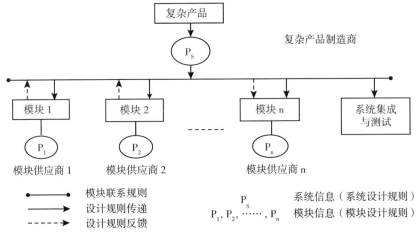

图 3 - 1　模块化制造的概念框架

资料来源：吴正刚，韩玉启，宋华明，等. 复杂产品的模块化制造战略研究 [J]. 中国机械工程，2005，16（20）：1827.

　　企业如何分解它的产品架构和相关任务，依赖于其采购战略以及关于产品系统作为整体的企业知识范围。企业能够开发和制造新产品主要依赖于它的产品架构设计战略。产品构造及其多样性来源于产品架构设计，然而在没有损失功能和绩效的情况下，基于嵌入到产品架构中的模块化程度，可以对元件进行分解和重新组合形成新构造。同时，产品架构模块化的程度会受到元件定制化程度是否与企业制造工艺相匹配的影响。朱丽安娜·米科拉（Juliana Mikkola，2006）根据物料清单（bill of materials，BOM）所列出产品模块的新旧程度和定制化程度两个维度，把模块划分为四类，如图 3 - 2 所示。这些产品经过需求分析、架构设计、模块分解、模块生产、系统集成，最后形成模块化产品，并通过混合与匹配功能模块来实现产品多样化。对于较复杂的装备产品设计而言，其最终产品标准化和模块化的范围小于大规模制造产品，不论组装还是元件。由于每个产品系统趋向于为特定的用户定制并且需求量很低，标准化范围和大量中间产品的市场开发更加有限，使得产品系统倾向于停留在流动设计阶段，从没有达到规模生产阶段。

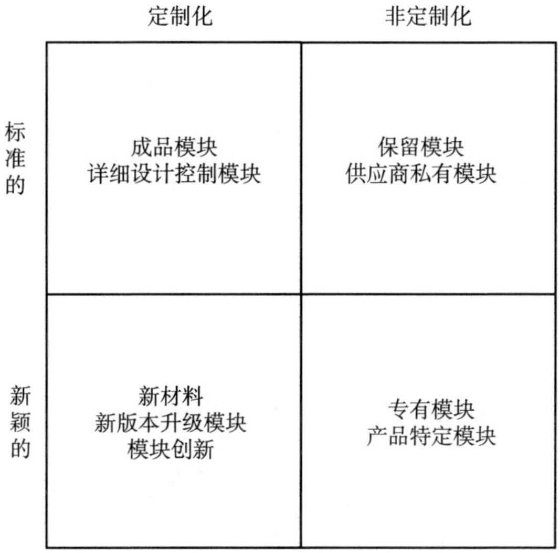

|  | 定制化 | 非定制化 |
|---|---|---|
| 标准的 | 成品模块<br>详细设计控制模块 | 保留模块<br>供应商私有模块 |
| 新颖的 | 新材料<br>新版本升级模块<br>模块创新 | 专有模块<br>产品特定模块 |

**图 3 - 2　模块分类**

资料来源：Mikkola J. Capturing the degree of modularity embedded in product architectures [J]. Journal of Product Innovation Management，2006，23（2）：132.

　　由于装备产品的各个模块通常属于不同的技术领域，而不同领域的技术成熟度和发展速度存在差异，导致模块的技术演进呈现非均衡的趋势，促使模块化的技术得以实现，从而为产品的集成开发提供了机会。理查德·朗格卢瓦（Richard Langlois，2002）认为，模块化在技术设计领域被广泛使用，产品模块化是将一定数量的中间产品和通用模块组装成最终产品的过程。加鲁德和库马拉斯瓦米（Garud & Kumaraswamy，2010）认为，模块化技术的出现催生了替代型经济运行模式，能够促进元件共享。技术模块化使单个模块的变换可以改进整个产品技术系统的性能，不但保持了产品的完整性，还促进了产品技术系统的升级换代（Anne Parmigiani & Will Mitchell，2009），从而能够解决企业规模经济要求和消费者特定需求相平衡的难题，使模块可以单独开发并替代使用，提高产品开发效率。从战略管理角度，模块化能够帮助管理者更好地处理嵌入到产品架构设计中的复杂性，理解和预见是什么影响把产品系统分解成较简单部分或标准元件集成为一个新的创新，这些都将依赖于模块在未来产品架构中的模块化程度。因此，我们选取模块化程度作为模式划分的另一个维度。

### 3.1.3　模式划分

根据初步探索研究，装备产品集成创新的实施模式应有多种，为更具针对性，将充分考虑以下背景的差异进行比较研究，如将企业所处行业、企业性质、企业文化、组织结构形式等企业特质因素进行对比分析，在此基础上，我们按照产品"技术依存度"和"模块化程度"两个维度，构建了模式划分的 2×2 矩阵，如图 3-3 所示。

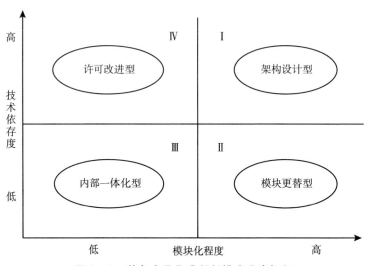

图 3-3　装备产品集成创新模式分类框架

在图 3 – 3 中，纵轴表示技术依存度，从低到高，它强调了企业自身在具有一定程度创新能力的基础上，利用外部技术的程度，是相对静态、即期的衡量维度；横轴表示模块化程度，也是从低到高，它强调了产品不同子系统的技术演进趋势，是相对动态、长期的衡量维度。考虑到现实意义，并简化研究难度，装备产品集成创新模式可以分为四种类型：架构设计型、模块更替型、内部一体化型以及许可改进型。其中，前两种模式中产品的模块耦合程度相对松散，后两种模式则相对较紧密。

## 3.2 案例选择与资料收集

### 3.2.1 案例选择

本书选取与理论背景相关的典型性和代表性案例而非随机抽样，这是案例研究的常见做法。对案例研究方法来说，随机样本不仅是不必要的，一般还是不可取的。案例研究选取典型的样本更为合适。徐淑英（2018）指出情境化是在中国进行本土研究的关键要素。作为一项探索性研究，本书选择国有装备制造企业以及民营装备制造企业展开分析。国有装备制造企业是装备制造业的主体，这些企业装备产品的创新在某种程度上涵盖了本土装备制造企业集成创新的不同类型模式；而民营装备制造企业相对于其他类型企业，某些情境变量对其影响比较小，这些企业装备产品的集成创新模式在某种程度上更具特有的活力和竞争力。同时，这些企业的产品涉及的技术复杂，所包含的信息更具多样化，因而也更有调研和进行学术研究的价值。这样的典型案例使研究过程清晰可见，避免因性质差异太大而产生变异，选取这样的样本作为案例研究对象是合适的。

根据前文对装备产品的界定以及多案例研究所遵循的逻辑复制法则，可按下述标准确定样本：第一，装备产品开发过程必须涉及自有技术的研发，外部技术的集成；第二，所选择样本应尽量覆盖装备产品的较多的、不同门类，并注重选择较为典型的产品；第三，所选择样本应是该企业所有产品中具有影响力，为国内首创或占据重要市场地位的产品。为此，对于样本选择，首先，根据案例选择要求，我们选择那些具有典型性和代表性的装备产品开发项目，这里的典型性主要是指该产品能够体现出某类型模式所具有的独特属性，并能够显著区分不同模式之间的差异，而代表性则是指产品能够体现出选择样本的总体属性，例如产品的多技术、生产、架构以及模块集成界面的复杂性等，最小化外部变动的范围。其次，我们选择的案例样本都已成功进入市场，能够方便获取较长时期的产品绩效资料。最后，这些样本具有良好的信息提供者，能够较方便地获得各方面资料，有利于研究的顺利进行。本书将装备产品开发内外部技术集成的基本原理总结如图 3 - 4 所示。

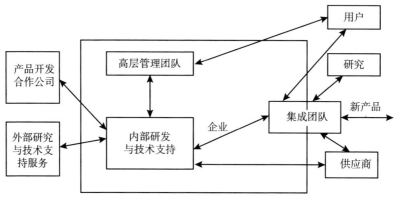

图 3 - 4　装备产品集成开发原理

### 3.2.2 资料收集

**1. 分析单位**

本书的分析单位为装备产品开发项目。毛基业和陈诚（2017）提出需要避免回忆不当而引起调查结果的片面性，本书所进行的访谈均是在产品成功上市后进行的，并得到了市场和用户的肯定，能够比较完整、准确地收集到反映整个产品开发过程的资料。为提高案例研究的外部效度，根据罗伯特·殷（2013），笔者采用嵌入性多案例研究，依照理论抽样的方式，在每个模式中选择2个以上嵌入性分析单位。

**2. 信息提供者**

研究的主要资料来源是对信息提供者的半结构化访谈记录与观察，在每个案例中都接触了企业的技术负责人以上的高层管理者以及具体的产品项目经理。除非信息提供者反对，否则访谈都会加以录音，在访谈过程中，研究者的观察者角色从未改变。访谈的时间分别为2015年11月~2016年1月和2016年5月~9月。

**3. 资料来源**

多元证据来源的三角验证、证据链的建立、信息提供人的审查及唱反调者（devil's advocate）的挑战等做法是保证研究构念效度（construct validity）的重要基础。本书选择一手资料采集和二手资料收集两种途径以确保构念效度，如表3-4所示。

表 3 - 4                资料收集方法与资料来源

| 资料类型 | 资料收集方法与资料来源 |
|---|---|
| 一手资料 | 多次与案例企业管理者、研发设计人员做深度的半结构化访谈，并进行笔录；产品生产车间考察；企业提供的内部文件，包括刊物和年度总结等；产品和企业的小册子等 |
| 二手资料 | 浏览企业网站；使用搜索引擎、学校相关数据库；翻阅历年统计年鉴；查阅相关报纸杂志；行业分析报告；其他二手资料 |

一手资料有两种来源：一是多个调查者（multiple investigators）深度访谈，研究小组预先讨论并设计了研究计划、访谈提纲，多次与企业管理者、研发设计人员进行面对面访谈，平均每次面谈时间在1.5~2 小时，并对每次访谈进行了记录；二是现场考察，包括生产车间观察、资料室查阅，以获取企业、产品资料、设计开发任务书、产品测试报告等，重点包括销售调研报告、技术调研报告、可行性分析报告、设计开发任务书、初步设计方案、初步设计方案的评审、讨论和总结、技术任务书、初步设计和工作图在内的产品开发流程资料，以及产品系统和子系统的详细介绍，以加深对产品开发过程的感性认识。

二手资料收集包括：一是公开发表的所有与样本企业和产品相关的论文，以及从行业或专题材料中获取的文章；二是样本企业负责人发表的演说、内部刊物、年度报告和企业其他文件；三是企业或外界观察家出版的有关该行业、该企业或企业领导人的报道和书籍；四是商学院案例和行业分析报告；五是商业和行业参考资料；六是专业咨询公司年度报告、代理声明、行业分析师报告和其他有关公司的材料。在从企业获取一定数量书面资料的同时，还通过企业网站、相关研究机构网站、中国期刊全文数据库、维普全文电子期刊（相关刊物如表 3 - 5 所示）、报刊媒体、装备产品的相关出版物、谷歌

（Google）和百度搜集相关资料等，收集公开的产品资料、评论，以及与案例研究相关的材料。

表 3 – 5　　　　　　　与研究对象相关的学术刊物

| 刊名 | 主办机构 |
| --- | --- |
| 叉车技术 | 全国叉车工业与车辆网 |
| 起重运输机械 | 北京起重运输机械研究所 |
| 中船重工 | 中国船舶重工集团公司 |
| 船舶工程 | 中国造船工程学会 |
| 船舶 | 中国船舶及海洋工程设计研究院 |
| 重工与起重技术 | 大连重工起重集团有限公司 |
| 国外内燃机车 | 铁道部大连内燃机车研究所 |
| 内燃机车 | 中国北车集团大连机车研究所 |
| 铁道机车车辆 | 中国铁道科学研究院机车车辆研究所 |
| 机车车辆工艺 | 中国南车集团；戚墅堰机车车辆工艺研究所 |
| 电力机车与城轨车辆 | 中国南车集团株洲电力机车有限公司 |
| 中国铁路 | 铁道部科学技术信息研究所 |
| 铁道工程学报 | 中国铁道学会；中国铁道工程总公司 |
| 机车电传动 | 中国南车集团株洲电力机车研究所 |
| 低温与特气 | 光明化工研究设计院 |
| 制冷与空调 | 中国制冷空调工业协会；中国科技交流中心 |
| 特种铸造及有色合金 | 中国机械工程学会铸造分会 |
| 热加工工艺 | 中国船舶重工集团热加工工艺研究所；中国造船工程学会船舶材料学术委员会 |
| 现代车用动力 | 无锡油泵油嘴研究所 |
| 世界制造技术与装备市场 | 中国机床工具工业协会 |
| 机床与液压 | 中国机械工程学会生产工程分会；广州机械科学研究院 |
| 组合机床与自动化加工技术 | 中国机械工程学会生产工程分会；大连组合机床研究所 |
| 制造技术与机床 | 中国机械工程学会；北京机床研究所 |

在研究过程中对所收集资料进行整理分析并形成文本。资料分析的目的在于从大量的原始资料中提炼主题，有利于对所获取的数据进行编码。首先，本书对收集的一二手资料进行整理和归类，根据分析框架和所界定的问题，对样本企业的实际情况进行描述，并形成文字材料，从而得出装备产品集成创新过程的分析报告。其次，在此基础上，笔者所在的课题组利用每周学术讨论会的时间对这些案例进行讨论，探寻案例的共同要素，归纳出相应的分析框架、多案例分析的共同要素。多案例研究的逻辑复制原则允许每一个案例都作为一种测试理论构念形成的检验，分析框架的构念需要在所有案例中测试。最后，根据装备产品开发项目案例中所涉及的理论构念，提出装备产品集成创新模式形成的分析框架。

## 3.3 案例分析

根据上述集成创新模式 2×2 矩阵分析框架和案例选择标准，在通过深入访谈、产品现场观察以及文献分析的基础上，选取了相应的装备产品开发项目对不同的集成创新模式进行案例分析。

### 3.3.1 架构设计型集成创新

**1. CRS450Z5 集装箱正面吊运机创新案例[①]**

大连叉车有限责任公司（以下简称大连叉车）是生产叉车、正

---

[①] 第3章、第4章和第5章涉及案例相关资料描述，来源于个人现场访谈、企业内部资料（如企业介绍、产品介绍资料）、实证结果与产品创新实践的思考所得整理而成。

面吊运机、牵引车等装卸搬运机械的企业。由于全球集装箱运量持续快速增长，导致对码头或中转站集装箱堆厂容量的需求增大，同时多式联运不断发展，铁路和公路中转站增多也导致对集装箱装卸、堆码和水平运输的专用机械需求加大。另外，丹东港在叉车使用过程中，发现叉车不能进行跨箱作业。为开拓新的市场领域和面对潜在的市场需求，大连叉车高层提出了开发集装箱正面吊运机产品的想法，并到欧美发达国家进行了市场考察。CRS450Z5 型集装箱正面吊运机是专门为 20 英尺和 40 英尺国际标准集装箱而设计的，主要用于集装箱的堆叠和码头、堆厂内的水平运输，其主要由工程机械底盘、二级伸缩式臂架、具有多种功能的伸缩式集装箱吊具三部分组成（王玉庭，2002）。

大连叉车经过充分的市场调研与技术论证，在 1998 年正式成立集装箱正面吊运机项目研发小组。由于企业自身的技术实力不足，考虑到产品研发周期长和成本高，仅靠自己进行产品研制，很难实现。在企业多年技术储备和设计工作的基础上，大连叉车通过咨询交通部水运科学研究所（以下简称水运所）的专家，并通过测绘卡尔马（Kalmar）公司新推出的正面吊运机产品，掌握了大量的关于正面吊运机开发方面的知识，共同构建了正面吊运机产品的架构设计。在此过程中，水运所充当技术顾问的角色，为企业提供了世界范围内产品配套厂商的资料，例如臂架、液压、转向及吊具等，并提供了关于电气液压方面的整套图纸。由于图纸原理与实际设计不符，大连叉车又组织 6 名研发人员，花费半年时间对产品图纸进行重新倒推和测量，使产品模块的参数、图纸和群图更加合理，企业的产品开发水平也逐步提高。

正面吊运机开发过程涉及多个技术领域的知识，大连叉车在架构设计基础上对正面吊运机进行模块分解，但由于大连叉车以叉车生产为主，很难独立承担全部模块的开发任务，因此，技术部门通过系统地分析自制和购买（make-buy）两种方式获取的技术对产品竞争力的影响，决定把某些关键技术模块外包，并在世界范围内选择那些具有良好信誉和技术实力较强的公司，如美国康明斯（Cummins）公司、德纳－克拉克（Dana Clark）公司、派克（Parker）液压公司、德国凯斯勒（Kessler）公司以及瑞典艾码（ELME）公司等专业模块供应商，如图3－5所示，为整机的正常运行提供了坚实的保证，从而与企业在叉车生产过程中所积累的制造能力形成互补。

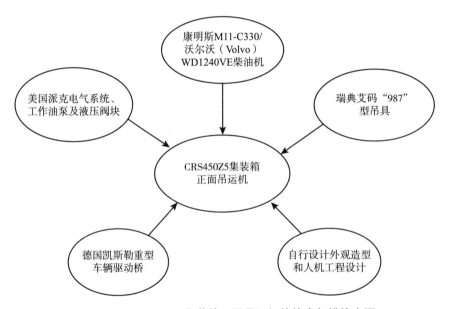

图3－5　CRS450Z5 集装箱正面吊运机的技术与模块来源

此后，大连叉车利用已有的系统集成能力对不同模块进行总成，并借助计算机仿真技术在企业内部对样机进行 400 小时的型式试验，结果显示样机各个模块结构性能及主要性能参数均达到原设计值及世界上有关正面吊运机的标准规定，其总体设计、金属结构设计、液压系统和电气控制系统设计等都达到了当时国外产品的先进水平，但是在使用性和外观造型上与国际上的正面吊运机仍有一定的差距（苏国萃等，2005），最终在 2002 年研制成功第一台正面吊运机，并正式交付丹东港投入使用，此后，用户又对产品进行了 1000 小时的工业型试验。

CRS450Z5 型集装箱正面吊运机的整车产品质量水平、结构及性能参数目标值已基本达到瑞典卡尔马和意大利范特仕（FANTUZZI）同类产品水平，填补了当时国内 45 吨集装箱正面吊运机的空白。但由于 CRS450Z5 正面吊运机采用了国际上先进的技术模块，丹东港使用时出现很多故障问题，大连叉车对正面吊运机进行了两年的产品跟踪，及时解决了使用中出现的噪音大、臂架和车架设计问题，所反馈的信息为正面吊运机后续产品的研制提供了宝贵经验，在 2004 年该产品基本完善。此后，大连叉车通过与用户的"交互式学习"，初步掌握了设计制造正面吊运机的能力，产品的性能逐渐完善，销售获得了很大的成功，在 2006~2008 年产品销售状况比较好，深受用户欢迎，并且在 2006 年正面吊运机产品首次出口到南非，实现了我国正面吊运机出口零的突破，为大连叉车进一步拓展国际市场、参与国际市场竞争奠定了良好的基础。目前，企业正面吊运机产品在国内的市场占有率约 50%，在世界范围内占到约 20% 的份额，面对众多国际巨头进入中国市场，竞争也将异常激烈。

**2. 30 万吨超大型油轮（Very Large Crude Oil Carries，VLCC）创新案例**

大连船舶重工集团有限公司（以下简称大连船舶重工），是由中国船舶重工集团公司控股的国内规模最大、建造产品最齐全、最具有国际竞争力的特大型现代化船舶总装企业。由于全球对钢铁、石油等大宗商品消费的快速增长，导致对超大型油轮的需求增大，同时与日、韩等国家的先进造船模式相比，仍存在较大的技术差距，使VLCC 等高技术含量、高附加值船舶的设计与建造一直被日、韩所垄断，中国在 VLCC 设计建造方面尚属空白。另外，VLCC 的设计与建造也是一个国家技术实力的象征。面对潜在的市场需求和国家意志的体现，大连船舶重工高层在 1991 年就提出了进入 VLCC 船舶市场的想法，并由大连船舶设计研究所与有关研究单位合作共同承担了国家组织的"超大型油轮设计技术研究"和"超大型油轮建造技术研究"的重点科技攻关项目，已初步掌握了用国际最新设计方法、满足最新国际规范要求进行超大型油轮设计的理论基础。船舶产品是典型的复杂产品系统，设计和建造过程涉及船、机、电和舾装等各种专业技术，能带动冶金、机械、电子及材料等二十多个相关产业的发展。

面对技术封锁，大连船舶重工经过大量的市场调研与技术论证，在 1998 年正式成立 VLCC 产品项目研发小组。由于企业自身的技术实力不足，考虑到产品研发周期长和成本高，仅靠自己进行产品研制，还有一定的困难，如船舶型线的优化和试验、大型船舶的操纵性、船舶结构直接计算法等。大连船舶重工面临的首要难题是产品设计，船舶设计是船舶生命周期的核心环节，它是建造的依据，设计水平和能力对生产效率和成本具有重要的影响。为此，大连船舶重工与大连理工大学、上海交通大学、大连海事大学、中国船舶科学研究中心、哈尔滨工程大学、708 研究所、704 研究所等单位联合攻关，发挥"产学研"合作的技术协同优势，解决 VLCC 建造的技术及设计难题，确保了我国第一艘超大型油轮设计、建造成功，并为达到日、韩当时 VLCC 先进水平，奠定了科学的技术基础。

基于已有船舶设计能力和掌握的 VLCC 基础知识，大连船舶重工根据伊朗船东要求，经过充分调研论证，在 VLCC 总体设计方面确定与韩国海事技术咨询公司（KOMAC）合作，双方共同进行 VLCC 的系统方案设计与详细设计。通过合作，大连船舶重工派出 30 余名工程技术人员到韩国进行联合设计，攻克 VLCC 的关键技术，培养了一批技术骨干，提高了企业的产品设计能力。另外，大连船舶重工与发挪威船级社合作，在其帮助下分析了各种装载情况对船体结构的影响，使船体结构设计更加优化，解决 40 年疲劳寿命的技术难题，在满足结构强度与疲劳要求的基础上还减轻结构重量。在以上合作的基础上，由大连船舶重工自主进行了 VLCC 的生产设计，如图 3 - 6 所示。

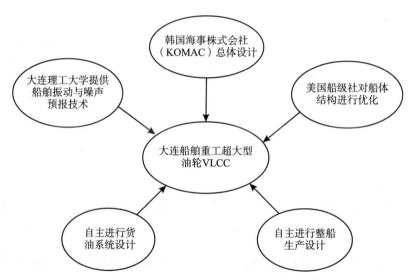

**图 3 - 6　超大型油轮（VLCC）架构设计技术来源**

针对 VLCC 货油系统，大连船舶重工自主进行了系统设计，选用国外先进的船用计算机、可编程控制器、液位遥测系统等硬件设备，攻克了设备之间的接口技术，满足了船东的要求。在 VLCC 开发过程中，为解决振动控制难题，大连船舶重工与大连理工大学合作，利用大连理工大学研发的"船舶振动与噪声预报技术"对设计图纸进行测算和优化，并对所有功率超过 15 千瓦的设备进行固有频率、谐振和总体振动校验，对可能出现问题的设备和船体部分进行结构处理，满足了严格的振动控制要求。

VLCC 产品开发过程涉及多个技术领域的知识，大连船舶重工在架构设计基础上对 VLCC 进行模块分解，由于企业以船舶总装生产为主，很难独立承担全部模块的开发任务。因此，技术部门决定把某些关键技术模块外包，例如主机 MAN B&W6S90ME－C、船用曲轴等，并在世界范围内选择那些具有良好信誉和技术能力较强的公司充当供应商，从而与企业在 15 万吨原油船和散装货船生产过程中所积累的技术基础形成互补。此后，大连船舶重工利用已有的系统集成能力对不同模块进行集成，并借助计算机仿真技术进行测试和各项功能调试，并在首航试验中，通过了国际著名船级社对主机、船体振动、舵机、锚机等 90 多个项目的严格测试，该船达到了大型油轮中很少能达到的舒适度一级的资格认证证书，主机轴系找正、航速试验也达到了设计目标，最终在 2002 年 6 月交付船东伊朗国家油船公司（NITC）。

大连船舶重工在 VLCC 的建造过程中对外部技术进行了大量的集成，采用了国际上先进的船舶设计、船体抗结构疲劳 40 年、超级货油系统、船体振动等新技术，特别是超级货油系统是 VLCC 最复杂和最新的技术概念，它是智能化、集成化自动控制和监测报警系统。在 VLCC 交付后，大连船舶重工对 VLCC 进行了跟踪，及时对有可能出现问题的设备和船体部分进行结构处理，所反馈的设计和系统集成信息为 VLCC 后续产品的研制和性能改进提供了宝贵经验。在随后四艘 VLCC 的建造中，大连船舶重工不断完善产品设计和生产工艺，"干中学"效应开始显现，建造周期不断缩短。30 万吨 VLCC 的设计建造实现了中国在超大型船舶建造上"零"的突破,它打破了日本、韩国造船企业在该领域的长期垄断。目前,大连船舶重工已经实现VLCC设计建造的批量化,企业的技术能力跃上了一个新的平台。

### 3. 3MW 华锐 SL3000 海上风电机组创新案例

华锐风电科技有限公司(以下简称华锐风电)是大连重工·起重集团所属的专门从事风电机组开发、设计、制造、销售的高新技术企业。随着国际风电市场大型化、离岸化的发展趋势,世界各国风电机组制造商,如丹麦维斯塔斯(Vestas)、美国通用电气风力公司(GE Wind)及西班牙歌美萨(Gamesa)等,都非常重视海上风电的开发,2.5~3兆瓦机组已逐渐成为全球风电市场的主流机型,国内外市场需求量巨大(梁昌鑫,2009)。2007年,大连重工·起重集团决定开发单机容量最大的3兆瓦海陆两用风力发电机组,并采用变桨变速距调节技术。同时,华锐风电对3兆瓦风电机组研发中的某些关键模块进行技术搜寻,并选择以德国富兰德(Fuhrlander)公司的FL1250机组为产品原型,从而为产品的架构设计以及系统设计创造了条件。

华锐风电公司开始对产品系统进行架构设计和模块分解。在由奥地利Wintech公司提供技术支持的基础上,华锐风电对SL3000产品进行架构设计,经过1年多的攻关研发,基本解决了3兆瓦风电机组的总体设计、整机参数优化与匹配、结构载荷计算、结构与优化问题。同时,完成了增速机齿轮箱总体设计、速比分配、轮齿形的修形计算及验证、完善、运行状态监测与数据分析。由于该产品具有一定的复杂性,它由叶片、齿轮箱、发电机及主轴承等关键部件组成,开发过程涉及多个技术领域的专业知识,在此基础上对SL3000产品的架构进行模块分解,由于华锐风电缺乏某些核心技术,很难独立承担全部模块的开发任务，因此，华锐风电从市场上购买自身难以制造的模块，并在世界范围内选择那些具有良好信誉和技术能力较强的公司，如图 3 – 7 所示，如英国诺迈士（Romax）齿轮箱、奥地利 Windtec 控制系统、德国舍弗勒（Schaeffler）轴承、保定中航惠腾叶片、瓦轴集团以及永济电机等，使得产品运行更加可靠、性能更高。

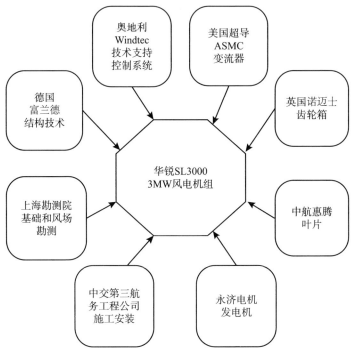

**图 3 – 7　SL3000 风电机组的技术与模块来源**

SL3000 产品的许多模块是具有特殊功能的、标准化的功能模块，它的技术创新成功很大程度上依赖于所采购的功能模块的开发质量，所以华锐风电不但要把 SL3000 的整体设计和专有模块设计工作做好，同时还要加强与模块供应商的合作。在开发阶段，华锐风电研发人员和富兰德公司、奥地利 Windtec、英国诺迈士及德国舍弗勒等机构研发人员密切合作，并对以往开发1.5兆瓦风电机组所积累的经验知识进行转移，共同解决模块设计过程中遇到的问题。在采购的各个功能模块研制交付后，华锐风电组织技术人员，对不同模块进行系统集成、样机安装，并利用一些计算机的仿真技术对模块进行测试和各项功能的调试，其结果满足相关的技术规范。同时，模块供应商以及认证机构与公司密切沟通，对整机进行上百次调试试验及各项性能检测，在此过程中所有的试验结果都进行了详细的记录并形成文件入档，最终交付用户。SL3000产品于2009年研制成功，交付业主上海东海电气公司，并进行并网测试。

目前，华锐风电已经成为国内最大的风电设备制造企业。首台3兆瓦风电机组的成功研制，标志着我国兆瓦级风电机组自主研发取得了重大突破。由于SL3000风电机组的各个模块均采用了国际上先进的技术，用户在开始使用时发生很多故障，华锐风电通过成立专门的问题处理小组，对产品进行跟踪完善，获得了大量的设计和系统集成知识，并建立了完善的试验设施和质量保证体系。目前，3兆瓦风电机组产品已进入规模化、批量化生产阶段，并大量地应用于海陆风电场中。

### 4. 小结

通过分析表明，架构设计型是指企业具有较强的设计能力和较好地掌握了架构知识，通过对国外企业的先进产品原型进行测绘模仿，了解相关的设计原理和学习先进的设计理念以及接口连接技术，从而产生新产品的架构知识和系统知识，在此基础上对新产品体系进行建构，形成了动态系统集成能力。由于产品模块化程度高和企业未掌握某些先进技术，可直接购买某些通用的关键模块，如图3-8所示。这些模块完全由模块供应商开发，包括功能详细说明和详细工程设计。

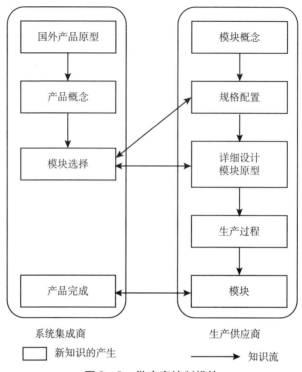

**图 3 - 8　供应商控制模块**

　　装备制造企业可以在不改变模块核心设计概念的前提下，对模块界面间的参数进行适当调整，以满足不同用户的性能要求，在选择模块供应商方面具有较大的可选择权，从而通过集成内嵌在模块中的各种技术资源来实现开发新产品的目的，会对某些模块技术供应商有一定的依赖性，但是这种模式可以降低新产品开发的成本，能够快速地投放市场。

## 3.3.2　模块更替型集成创新

### 1. HXD3B 型大功率六轴交流传动货运电力机车创新案例

　　大连机车车辆有限公司（以下简称大连机车）是中国北车股份

有限公司全资子公司，始建于 1899 年，是国家重点大型企业，主要从事内燃机车、电力机车、城市轨道车辆、大功率中速柴油机及各种机车车辆配件产品的生产。随着我国新建电气化铁路的增加和已有线的电气化改造，电力机车市场逐步扩大，同时满足与铁道部签署的大功率交流传动电力机车采购项目，对此，大连机车经过大量的技术论证，在保持内燃机车传统优势的同时，进行大功率货运电力机车产品的研制开发。

HXD3B 型 9600KW 六轴交流传动货运电力机车以大连机车为主进行自主设计、自主生产和自主采购，由加拿大庞巴迪（Bombardier）公司提供制造技术支持和部件供应，以在国内主干线上进行重载牵引为目的，拥有自主知识产权。机车采用大功率 IGBT 元件组成的变流器、整体式驱动装置、转向架、大功率交流牵引电机和轮盘制动等先进技术，运用成熟的驱动装置和分布式微机网络控制系统，尽量考虑对环境的保护，减少维修工作量，产品开发过程涉及冶金、机电、材料、电力电子、化工等多学科、多行业领域的专业知识，是一个典型的复杂产品系统创新项目，技术与来源模块如图 3 - 9 所示。

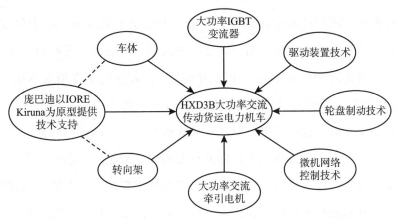

图 3 - 9　HXD3B 大功率交流传动电力机车技术与模块来源

　　大连机车在原有货运电力机车开发经验和建构能力的基础上，并以 HXD3 型交流传动电力机车为技术平台，对 HXD3B 型机车的设计进行了总体规划，成立了由 55 人组成的技术设计团队，运用三维设计和已掌握的电力机车设计标准、设计综合分析、系统参数选择等技术手段，并以庞巴迪 Iore Kiruna 机型的设计为基础，对货运电力机车进行架构设计，确定了主要的技术参数，完成全部 130 套总计 2000 余张图纸的出图、归档工作，经过三次设计评审和三次设计联络会，通过了转向架、牵引系统、微机控制系统、主变压器等模块的设计评审。经过各个功能模块的分析、计算和方案选型交付及型式试验后，大连机车对不同模块进行系统集成，并经过了一系列的严格测试系统，其中在哈大线进行重载牵引试验，同时在铁道科学研究院的环形试验线进行型式试验，各项指标均达到铁道部规定的技术标准。

　　由于 HXD3B 型电力机车很多模块是具有特殊功能的、通用的技术模块，它的技术创新成功很大程度上依赖于所采购的功能模块的开发质量，为此大连机车加强了与国内外专业模块供应商的合作，如采用克诺尔（Knorr）公司的 CCBII 微机控制制动系统、庞巴迪公司开发生产的 Mitrac TM3800F 电机及 MITRAC 系列网络控制系统。针对国外机车变压器技术变化较快，但最大容量也不超过 10000 千伏安，而且设计制造均由国际知名公司垄断的现状，同时为了更好地满足大功率牵引要求和防止陷入"模块化陷阱"，大连机车在借鉴 SSJ3 与 HXD3 型电力机车成功经验的基础上，对关键核心模块主变压器技术的核心设计概念进行变更。对此，大连机车采用国际成熟的先进制造技术和工艺，先后攻克主变压器外形几何尺寸限制、绕组短路阻抗精度要求高和内置 3 个电抗器的合理布置等技术难题，并在结构形式的采用等方面进行了多次二次创新，同时生产制造严格按照欧美技术标准，成功研制出机车重要模块 JQFP－11620/25 型主变压器。经过模块和整车型式试验、验证，主变压器的各项性能指标与理论设计值十分接近，并以 11620 千伏安大容量成为当今电力机车最大容量的主变压器。类似的创新，也体现在牵引电机模块。

HXD3B 型机车在 2008 年底正式下线，是目前世界上功率最大的双端操作电力机车，可以实现 3 台机车重联运行。由于运用成熟的驱动装置和微机网络控制系统，并在整车集成技术、重载牵引车体和转向架、牵引变压器等方面进行全面创新，使该机车功率更大，牵引性能更好；HXD3B 型机车主变流系统和辅助变流系统的集成设计，使机车主变压器和冷却系统结构进一步简化，电传动系统结构更加紧凑；多种形式的冗余设计和智能化的保护措施为机车提供了更加完善的保护；通过改变机车传统设计，除受电弓及支持绝缘子之外，全部高压设备由车顶移至车内，大大提高了机车在雨雾等天气的抗污染能力，降低了机车的维修成本，进一步提高了机车的运行可靠性（代兴军等，2010）。另外，考虑能够在全国范围内运行，机车能够满足环境温度在 −40~40℃，海拔高度不超过 2500 米的运行条件。以上这些技术优势，使该机车将成为中国铁路货运重载的主型机车。

**2. 星海湾海水源热泵系统创新案例**

大连冷冻机股份有限公司（以下简称大冷股份），是以经营"冰山"牌制冷设备、冷冻工程配套产品加工制造、制冷空调系统设计制造及技术服务的企业。海水源热泵系统利用海水作为冷、热源进行供冷和供热，在北欧一些国家得到了规模化应用。在识别国家政策和国外环保节能建筑发展趋势的基础上，大冷股份明确企业发展方向，通过到欧洲市场进行调研和考察，以了解海水源热泵系统在国内开发的可行性。根据世界银行预测，到 2025 年，全世界新建筑的 50% 将出现在中国，促使海水、污水、空气等热泵产品在供暖、供冷系统中的应用具有广阔的发展前景。

为了推动大型离心热泵这项节能、环保、利用可再生能源新技术，大冷股份联合北欧合作伙伴率先在国内推出大型离心热泵区域供热/供冷系统工程——星海湾海水源热泵系统项目。该项目总投资上亿元，工程规划为3个阶段实施：一、二期冬季采暖热源采用城市污水处理厂排放的污水，夏季空调冷却用水采用海水；三期全部采用海水作为冷热源，各期具体设计负荷和面积如表3-6所示。其中，一期工程采用3台10兆瓦热泵机组，是一个典型的复杂产品系统。

表3-6 各期建筑面积和冷（热）负荷

| 序号 | 工程阶段 | 建筑面积（$10^4$平方米） | 冬季负荷（兆瓦） | 夏季负荷（兆瓦） |
| --- | --- | --- | --- | --- |
| 1 | 一期 | 25.60 | 19.56 | 25.68 |
| 2 | 二期 | 46.00 | 28.98 | 36.80 |
| 3 | 三期 | 128.70 | 81.08 | 102.96 |
| 4 | 合计 | 200.30 | 129.20 | 165.44 |

资料来源：端木琳，李震，蒋爽. 大连星海湾海水源热泵空调系统热扩散数值模拟研究 [J]. 太阳能学报，2008，29（7）：833.

大冷股份对星海湾海水源热泵系统进行功能分析和系统设计，并基本确定了整个系统的技术参数，整个产品系统包含了离心式热泵机组、海水取水系统、配电系统、控制系统、控制阀门等子系统。大冷股份在对整个系统进行架构设计的基础上，对子系统进行了模块分解与外包商的选择，如海水取水系统包括海水泵、输配管线及各级过滤系统等功能模块。由于该产品系统所有模块需要特别为这个系统的具体运行环境专门开发，是一个定制产品，而且大冷股份在某些方面还没有形成相应的技术能力，所以部分模块甚至是核心模块需要寻找合适的外包商来合作。系统采用Friotherm公司大型离心热泵机组为核心设备，并吸取Olzi能源咨询集团公司丰富的设计和施工经验来实施国内的区域热泵供热/供冷系统工程。

该热泵系统中的关键技术模块是离心式热泵机组。热泵技术在国外已是一项成熟、先进、完全采用的技术，但在中国还没有得到实际应用。大冷股份在2005年12月与大型离心压缩机（组）制造商瑞士Friotherm公司、瑞典Olzi能源咨询及集团公司组成联合体，借鉴其产品的设计理念和制造技术。大冷股份在已掌握螺杆式压缩机技术的基础上，通过咨询西安交通大学和大连理工大学等科研单位，成立了包括设计、工艺和制造部门成员的联合项目小组，对离心式热泵机组进行开发，以替代原有的螺杆式压缩机。项目小组根据用户提供的特殊参数与设计要求，采用裁缝式设计对离心式热泵机组进行设计，并对压缩机内的叶轮、主轴承、变速齿轮等重要部件进行技术开发，使该离心式热泵机组模块呈现大功率、高效率、高出水温度，单机压缩机制热量可达1800~20000千瓦，也更加节能。

在各个模块成功交付以后，大冷股份严格按照欧美发达国家标准对不同模块进行性能试验，各项性能指标均达到用户要求。随后，大冷股份对不同模块进行总体装配，联合检测机构对样机进行鉴定，于2007年2月完成了星海湾海水源热泵系统的基本开发，并进行了调试。在调试期间，大冷股份派遣了由8名设计人员、2~3名工艺人员及制造人员组成的小组，对系统的运行状况进行检查，获得了第一手的资料，并对该产品系统进行跟踪完善，为后续机组的开发积累了经验。

海水源热泵系统采用了独特的双机配置技术、换热器设计和制造技术以及定制式设计技术等，使得产品系统不论是机组还是系统配套设计技术都达到国际领先水平，填补了我国大型水源热泵机组在区域供暖、供冷系统中应用的空白。目前，海水源热泵系统得到了市场和用户的认可，已大量投入使用。

### 3. 小结

通过分析表明，模块更替型是指企业具有较强的技术创新能力，产品的技术模块化程度高，由于国产化和提高性能的要求，企业在原有技术平台设计规则做较少修改的前提下，对某些关键技术模块的核心设计概念进行升级或替代，如图 3－10 所示，同时企业还需要掌握某些外包通用模块的领域知识，与模块供应商共同开发新模块。在这种模式下，企业必须对产品系统的整体架构非常熟悉，积累大量的产品架构知识和元件知识，并进一步掌握某些模块内嵌技术的发展趋势，从而能够及时跟踪用户定制化需求，快速地开发出更高性能和环保节能的新产品。

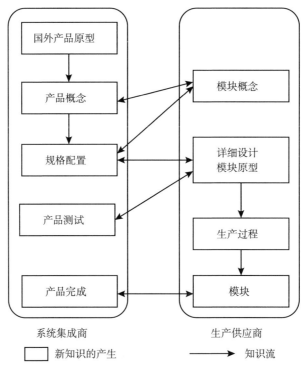

图 3－10　系统集成商和供应商共同开发模块

### 3.3.3 内部一体化型集成创新

**1. CHD25 型九轴五联动车铣复合加工中心创新案例**

大连机床集团始建于 1948 年,自 20 世纪末以来,通过集成创新,企业的规模、技术水平、制造能力取得了快速的发展,经济效益实现了跨越式增长,成为全国最大的组合机床、柔性制造系统及自动化成套技术与装备的研发制造基地和中国机床行业的龙头企业。随着航空航天、军工等重点领域的迅速发展,其对设备的要求越来越高,而车铣复合加工中心作为重点领域急需的一种设备,目前国内开发的车铣复合加工中心与国外同类产品比较,在各项主要性能指标方面都还存在较大差距。为此,大连机床在对国外高档车铣复合加工中心整机性能和关键技术调研的基础上,以国内市场需求为导向,并结合自身在卧式车铣复合加工中心设计制造上的优势,在 2004 年初提出了研发 1000 毫米标准的CHD25 型九轴五联动车铣复合加工中心,其技术流程如图 3-11 所示。

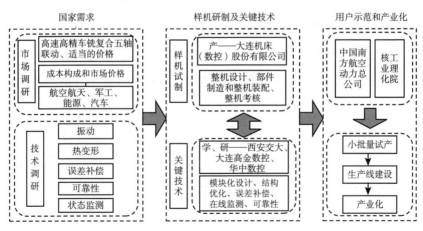

**图 3-11 CHD25 车铣复合加工中心技术流程**

大连机床在借鉴德国 DMG 公司 GMX 车铣复合加工中心的先进设计理念和制造技术的基础上，建立了由 20 多人组成的跨部门研发团队，并利用大连理工大学、西安交通大学在机床优化设计、检测分析等方面的优势，对 CHD25 产品建构了全新的架构设计和总体设计，确定了各功能部件的空间位置关系和运动关系、主要作用和极限位置。同时，基本确定了产品系统的主要技术指标，如床身最大回转直径、最大加工直径和长度以及主轴电机功率等。CHD25 加工中心由床身模块、上下床鞍模块、动力刀架模块、主轴模块等主要模块组成，开发过程涉及多个技术领域的专业知识，各个模块中关键技术也不相同，在此基础上大连机床对 CHD25 的结构图进行模块分解，把新颖和定制化的模块置于企业内部研制，并对那些通用的模块进行外包。

大连机床不但把 CHD25 加工中心的整体设计工作做好，同时还加强了对关键核心模块的研发，例如数控系统，大连机床研发人员与大连高金数控及华中数控等研发人员密切合作，并对以往所积累的元件知识进行转移，有效地解决了数控系统模块设计与制造过程中遇到的问题。对于那些新颖和专有模块，大连机床直接对并购所获取的先进技术进行模块化，例如英格索尔（Ingersoll）组合机床制造技术和曲轴加工技术，以及德国兹默曼（Zimmermann）五轴龙门铣削加工技术。在功能模块研制交付后，大连机床利用面向精度的制造和装配工艺方法，借助专用加工工装、调整和检测仪器设备，对机床进行总装，并通过有限元力、热、模态、动刚度等手段对样机进行逐项测试和各项功能调试。此后，大连机床对 CHD25 加工中心进行多次型式试验，将所有的试验结果都进行了详细的记录并形成文件，产品最终在 2006 年 6 月被交付给南方动力公司。

CHD25 加工中心是我国第一台九轴五联动车铣复合加工中心，达到了国际同类产品的先进水平，它按模块化理念设计，通过不同模块组合方式可构成车铣中心、车削中心、数控车床等多种配置型式，控制轴数可以从九轴减少至两轴，联动数也可由五轴联动减少至两轴联动，从而可以根据不同用户的要求进行合理组合，为其提供更为经济、合理、实用的机型。通过跟踪服务，企业发现产品在运行过程中出现的设计和系统集成问题，并通过学习提高了后续装备产品系统的再设计和性能。同时，该产品在2006年获得上海国际数控机床展览会CCMT2006国产数控机床春燕奖。目前，大连机床已成为国内高档多轴联动车铣复合加工机床生产和研发基地。

### 2. GDS07全数字总线开放式高档数控系统创新案例

大连光洋科技工程有限公司（以下简称光洋科技）是一家从事工业自动化产品及系统的研发制造企业。数控系统是数控机床功能实现和性能提高的关键，在数控机床产业链中处于举足轻重地位。目前，国产经济型和普及型数控系统已经基本满足国内市场，而国产高档数控系统由于技术、工程化和产业化能力与国际水平存在较大的差距，被日本发那科（Fanuc）、德国西门子（Siemens）等公司所垄断，仍然严重依赖进口。针对此现状，光洋科技在经过充分技术论证后，调动全部技术力量，开发高档数控系统。

光洋科技对数控系统进行了功能分析和方案设计。由于企业高档数控系统需要面对很多的技术难题，光洋科技通过成立多部门、多专业的研发小组来集成国内外创新资源，与清华大学、哈尔滨工业大学等科研院所合作，共同对数控系统的总装图和光机结构进行了设计，总计完成各类图纸百余张，同时基本确定了数控系统的技术指标，如控制轴数32个、联动8轴以上，实现5坐标联动、6个通道以及具有16位模拟量伺服接口等15项。与传统机械系统不同，由于数字化程度高的产业易形成设计模块化，在一定程度上改变了模块之间的原有耦合程度，这使数控系统自身内部不同模块的依赖程度比较高。随后，光洋科技对数控系统进行了模块分解，由控制软件、运动控制器、人机界面、伺服驱动及接口、伺服电机等模块组成。

由于 GDS07 为世界首台全数字总线开放式高档数控系统，所需模块几乎全部是新颖的，不同模块之间的接口耦合程度比较高，这对模块的生产质量提出了很高的要求，为此，模块主要在企业内部研制。在模块研制的过程中，光洋科技在已掌握中档数控技术的基础上，对已购买的德国企业的技术进行二次创新，进一步积累了相关模块的大量基础技术知识。随后，依靠逐步完善的研发、试验、中试、生产制造四大平台，光洋科技与科研院所深入合作，对每个模块内部涉及的高级运动控制算法、数控系统光线总线通信协议、实时内核、传感器细分及补偿技术、直驱功能部件、精密力矩电机伺服驱动、机床动态特性仿真分析、温度补偿等许多关键基础共性技术进行攻克。在不同模块研制交付后，光洋科技对不同模块进行装配和测试，最终在 2005 年成功研制出了全数字总线开放式高档数控系统，可实现 32 轴 6 通道 5 坐标联动，并通过了相关部门和专业机构的认证。

GDS07 数控系统在许多技术方面达到国际先进水平，逐步打破了发达国家在高档数控系统技术方面的封锁与技术壁垒，得到了市场的认可，并越来越多地替代进口，为中国装备制造业提供技术支撑，为国防安全和航空航天等特殊行业提供高、精、尖设备创造了条件。此后，光洋科技在成功研发开放式高档数控系统的基础上推出高速五轴立式加工中心、高速五轴龙门加工中心、卧式车铣复合加工中心、立式铣车复合加工中心等高档机床，已累计销售 1500 余套，销售额 1 亿多元。

### 3. 铸铁机体 16V240ZJD 型柴油机创新案例

大连机车车辆有限公司（以下简称大连机车）主要从事内燃机车、

电力机车、城市轨道车辆、大功率中速柴油机及各种机车车辆配件产品的生产。随着中国铁路运输的全面发展，技术的发展与柴油机功率的提升对柴油机机体的设计结构产生了越来越多的要求。另外，与国外中速柴油机相比，我国中速柴油机仍存在着缸径分布密集、功率分布范围狭小、大功率柴油机较少且功能单一，尤其是在可靠性、高增压技术、排放控制、电控共轨燃油喷射等技术方面，还存在很大差距。面对潜在需求和技术差距，大连机车经过充分的技术论证，提出在内燃机车用240/275系列柴油机的基础上开发四冲程铸铁机体16V240ZJD型柴油机。

在市场调研的基础上，大连机车对16V240ZJD柴油机进行了功能分析和总体设计。针对用户需求和运行环境，基本确定了船用柴油机的技术参数和要求，如转速为1000转/分、标定功率3240千瓦等。在研发过程中，大连机车在已掌握柴油机的成熟技术基础上，成立由设计人员和试验人员组成的开发小组，由英国里卡多（Ricardo）公司提供技术支持，共同对16V240ZJD的设计进行建构。在总体设计过程中，里卡多公司对该机型进行了多种方案的有限元计算，在此基础上又调整了具体设计结构，使16V240ZJD铸铁机体各部位的应力、断面壁厚更趋合理（牟恕宽，2003）。同时，大连机车通过与大连理工大学、大连海事大学等科研院所开展合作，针对燃烧重油、耐久可靠性的特点，对该16V240ZJD型柴油机的功率、耐久性及可靠性作了进一步改进。随后，在柴油机施工图完成的基础上，大连机车进行模块分解，如机体、凸轮轴、曲轴、油底壳、汽缸套等子系统。

由于大部分模块为企业专有并且是新颖的，大连机车主要通过自身的技术努力对16V240ZJD型机的模块进行了研制，对于那些通用的模块则进行外包，如喷油器、连接箱等模块。为满足更高可靠性的要求，大连机车成立研发小组，对关键模块铸造机体进行攻关，通过从意大利埃姆福（IMF）公司引进树脂砂有箱造型生产线、德国FAT

公司引进一套旧树脂砂再生和输送系统、德国兰佩（Laempe）公司引进芯中心等生产设备，提高了企业生产铸铁机体的制造能力，也确保了柴油机联调试验的完成。同样，企业也提高了其他模块的工艺和制造能力，有效地保证了各个模块的顺利开发。

在不同的模块研制交付后，大连机车对不同模块的性能进行了测试和总装，并对成型的 16V240ZJD 型样机进行了静态应力和动态应力测试。此后，又进行了多次型式试验，试验表明，16V240ZJD 型柴油机性能可靠，各方面指标都达到同类产品要求，并进一步把相应的检测结果整理入档，交付用户天津机务段。在用户使用的过程中，柴油机出现了许多问题，如增压器油封烧损、漏油等故障。大连机车组织技术人员对发生问题的柴油机进行跟踪完善，有效地提高了产品的质量，得到了客户的充分肯定。

由于 16V240ZJD 型柴油机采用铸铁机体，使柴油机体的设计结构达到了国际先进水平，制造工艺达到了国内先进水平。在此基础上，大连机车相继推出了 8V240ZJ、12V280ZJ 及 16V240ZJD 等型柴油机，这表明铸铁机体设计更加完善，制造工艺也更加成熟。目前，大连机车已经开始批量生产铸铁机体 16V240ZJD，取得了显著的经济效益和社会效益。

## 4. 小结

通过分析表明，内部一体化型模式是指企业主要通过自身技术努力对新产品进行建构，包括对产品功能配置和详细设计的控制、关键技术功能模块的内部研制，如图 3 - 12 所示。由于大部分模块在企业内部加工，这些模块之间的界面具有独特性，同时这些模块还没有形成统一的行业技术标准，要求企业具有较强的创新能力以及某些互补能力，例如设计能力、制造能力及系统集成能力等。同时，要对产品系统层次设计、详细设计以及原型建立等过程中遇到的问题，进行反复的试验，由于许多技术单元尚未定型，也要求某些关键模块内部和模块之间的设计规则都需要在企业内部反复地"试错"。

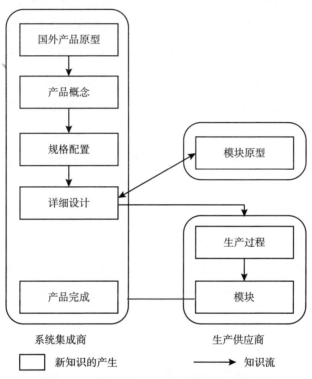

图3－12　详细设计由集成商控制的功能模块

### 3.3.4　许可改进型集成创新

### 1. 8K90MC－C 超重型船用柴油机创新案例

大连船用柴油机有限公司（以下简称大连船柴）是以生产大型低速柴油机专利产品为主的企业。大连船柴通过搜集国内外船市形势以及船用柴油机市场信息，发现低速柴油机作为大中型船舶主机供不应求，并出现大功率、低排放、低油耗、智能化等趋势，同时国内企业最高只能生产 3 万多马力的主机，而单机功率在 5 万马力以上的主机几乎为日、韩所垄断，这为大连船柴的进一步发展提供了潜在的市场空间。为此，大连船柴在产品技术授权的基础上，通过与船厂协商 8K90MC‐C 机型的具体运行环境和技术要求，形成了较为封闭的产品架构。

大连船柴公司在借鉴曼（MAN）提供的专利图纸的基础上，多次召开专题联络会，对企业内部自制模块和外部配套模块逐项进行分解，对设计资源进行集成。通过与船厂协商 8K90MC‐C 机型的具体环境和技术要求，大连船柴对 8K90MC‐C 超重型船用柴油机进行了架构设计，并确定了产品系统的主要技术参数，如汽缸直径、活塞行程、燃油消耗率及转速等。由于该产品具有较高的复杂性，它由机座、机架、曲轴及汽缸体等主要模块组成，开发过程涉及多个技术领域的专业知识。由于大连船柴是一家以船用柴油机整机生产的公司，独立承担全部模块的开发任务非常困难，因此，大连船柴从市场上购买标准化和难以制造的部分定制化模块。为进一步提高单机功率，大连船柴对原有模块进行改进，采用高压共轨燃油喷射系统、智能化电子控制系统等模块。

8K90MC‐C 产品很多模块是具有特殊功能的定制化模块，大连船柴加强了与科研院所和设备供应商的合作。在开发阶段，大连船柴与大连理工大学及曼公司的研发人员密切合作，并对以往所积累的经验知识进行转移，共同解决模块设计过程中遇到的问题。对于某些专有新模块，大连船柴为了能够加工出高质量的定制模块，购置了世界上加工能力最强的重大工艺装备，如瓦德里希科堡（Waldrich Coburg）公司的重型数控龙门铣等，提高了开发、设计和建造超重型主机和超大型装备的能力。在各个技术模块研制交付后，大连船柴对模块进行局部测试，然后依次通过结构车间、综合加工车间、总装车间和内业车间对不同功能模块进行系统集成。同时，成立攻关小组，围绕吊装能力和工艺装备不适应及主机新设计的消化吸收等难点进行攻关，使该产品在技术准备、工艺措施、过程控制、配套组织等方面得到了较好的保证，为 8K90MC – C 超重型船用柴油机顺利上试验台装配创造了条件。最后，在与测试机构、船厂以及船级社的密切沟通下，大连船柴对 8K90MC – C 产品进行多次坐台试验，使各项性能指标达到技术要求。

在 2007 年 7 月，大连船柴完成了国内最大功率的船用柴油机 8K90MC – C 的建造，其单机功率达到 49680 马力，自重 1253 吨，属超重型柴油机，这种超重型机专门满足大型集装箱船的高航速要求，目前世界上仅有几家造机厂能够制造，结束了国内大型船舶柴油机完全依赖进口的历史。由于研发人员的积极参与以及采用了国际上先进的技术，该重型船用柴油机操纵灵活可靠，可实现 24 小时无人值守，技术指标、经济指标均代表了目前世界船用主机的先进水平，用户对产品性能与质量评价很高。目前，该产品已成为国际上船东优先选择和争先订购的最先进、可靠、经济的船舶主动力源。

**2. 超大型油轮螺旋桨创新案例**

大连船用推进器有限公司（以下简称大连船推）是中国最大的船用螺旋桨专业化制造公司。1985 年在日本中岛螺旋桨株式会社技术许可的基础上，经过消化吸收，成功进入大型螺旋桨市场。面对国内外船舶市场的蓬勃发展，同时为了提高国内船舶的出口率。大连船推借助市场调研和凭借自身所拥有的技术基础，经过科学的项目论证，在 2000 年承担了 VLCC 的螺旋桨生产合同，并由荷兰 Lips 公司提供技术支持。

按照合同要求，大连船推和 Lips 公司共同根据用户的参数要求对超大型油轮螺旋桨的功能需求和系统设计进行了分析。公司通过在前三支 VLCC 螺旋桨生产过程中的参与，积累了一定的设计和生产经验，并在借鉴荷兰 Lips 公司的设计理念的基础上，成立了由 10 人组成的产品开发小组。由于自身设计能力不足，大连船推通过与专业螺旋桨设计公司上海斯玛德公司合作，共同解决了 VLCC 螺旋桨的设计问题。同时，在已掌握生产 15 万吨级船舶用螺旋桨技术的基础上，大连船推对螺旋桨进行了模块分解，并基本确定了相应的技术和工艺参数。由于螺旋桨基本上由桨片、桨轴及桨壳等部件构成，部件之间耦合程度比较高，这对模块的生产质量要求很高，只能在企业内部进行生产。部件的生产质量体现在两个方面：一是外在质量，包括设计要求和功能；二是内在质量，包括化学成分和机械性能，这对企业的制造能力和工艺技术水平提出了很高的要求。

为了生产出高质量的螺旋桨，大连船推与国内企业进行合作，共同对专业生产设备进行开发，例如齐重数控 10 米立车、天津修船技术研究所的液压机、西安电炉研究所的电炉以及大连重工·起重的起重机等，同时引进了国内最大最先进的螺旋桨加工数控铣床，显著地提高了企业的制造能力。另外，通过与高校合作解决了生产中遇到的工艺技术难题，例如与大连理工大学进行合作，解决了机械、热凝固等问题，而与大连海事大学合作则解决了实体建模问题。不同部件经过铸造、锻造、焊接、化学反应、电镀等特殊的工艺过程后，大连船推对部件进行总装，经过机械加工、打磨生产流程，并和相关测试机构及用户共同对 VLCC 螺旋桨进行调试后，各项指标均符合设计要求，产品最终在 2002 年成功交付用户。

由于采用了新工艺和许多新生产技术，该产品在运行过程中更加节能环保，质量得到了中外专家、船东以及船级社的一致好评。在此基础上，大连船推相继成功研制 3500TEU 和 8000TEU 船用螺旋桨。

目前，企业已经能够批量生产直径 11 米左右、成品重量 100 吨左右的超大型集装箱船和超大型油轮螺旋桨，进一步具备了与国际竞争对手同台竞技的实力。

### 3. CA6DF3 发动机创新案例

一汽解放汽车有限公司大连柴油机分公司（以下简称一汽大柴）是国内车用柴油机专业生产企业。由于国内同类机型与国外产品相比，在性能、油耗、废气排放及噪音等方面都存在一定的差距，同时，伴随着国内更加严格的排放法规的出台，产品也逐渐失去竞争优势，面对市场需求和技术发展，一汽大柴在德国道依茨（Deutz）公司四缸、六缸柴油发动机技术授权的基础上，针对不同用户的使用环境和技术要求提出开发满足欧Ⅲ排放标准的产品，并在技术、架构设计等方面进行了相应的改进和更新。

一汽大柴在德国道依茨公司提供技术支持的情况下，成立了包括开发、工艺、质保及生产部门人员组成的项目团队，进行多次召开专题评审会，对设计资源进行集成。在充分借鉴 CA6DE 产品成熟技术和研发经验的基础上，一汽大柴根据用户使用环境和技术要求，联合德国 FEV、奥地利 AVL 及日本 MAE 等国际著名内燃机技术公司对 CA6DF3 进行总体设计与开发，并确定了产品系统的主要技术参数，如额定功率、最大扭矩、燃油系统及油耗等。CA6DF3 具有较高的复杂性，它由缸体、缸盖、凸轮轴、燃油系统以及电控单体泵等模块组成，开发过程涉及多个技术领域的专业知识。由于一汽大柴是一家以柴油机整机生产为主营业务的公司，独立承担全部模块的开发任务非常困难，因此，一汽大柴将标准化和难以制造的部分专有模块进行外包，并在世界范围内选择那些信誉比较好和技术能力较强的企业，例如德国马勒（Mahle）活塞、博世（Bosch）电控单体泵系统、德尔

福（Delphi）电控单体泵、德国 Hass 减震器、成都威特外挂式电控
单体泵系统等，如表 3 - 7 所示。

表 3 - 7                     CA6DF3 发动机的技术与模块来源

| 产品 | 来源 | 技术与模块 |
|---|---|---|
| CA6DF3 发动机 | 德国道依茨 | 技术支持 |
| | 奥地利 AVL | 设计咨询 |
| | 德国 FEV | 设计咨询 |
| | 日本 MAE | 设计咨询 |
| | 清华大学 | 基础研究支持 |
| | 德国马勒 | 活塞组件 |
| | 德国爱尔铃（Elring） | 汽缸垫 |
| | 博世 | 电控单体泵系统、高压共轨系统 |
| | 成都威特 | 外挂式电控单体泵 |
| | 德尔福 | 电控单体泵 |
| | 摩托罗拉（Motorola） | ECU |
| | 德国 Hass | 减振器 |

　　由于 CA6DF3 发动机产品的许多模块是具有特殊功能的专有模
块，一汽大柴还加强了与核心模块供应商的合作。在开发阶段，一汽
大柴与成都威特公司、清华大学等制造商和科研机构的技术人员密切
合作，并对以往所积累的经验知识进行转移，共同解决模块设计过程
中遇到的难题。对某些专有的新模块，一汽大柴为能够加工出高质量
的功能模块，购置了 AVL 试验台架等先进的试验和加工设备，提高
了开发、设计和制造满足更高排放标准柴油机的能力。在此基础上，
一汽大柴掌握了电控发动机的台架与整车的匹配标定技术及电控系统
的集成技术。

在不同技术模块研制交付后，一汽大柴采用三维造型、有限元分析等先进的 CAE 技术对模块进行局部测试和优化，例如功能试验、结构强度试验等，随后对不同功能模块进行总装。动力总成过程中，一汽大柴在与用户和道依茨专业人员的沟通下，运用先进的试验设备对 CA6DF3 发动机进行模拟计算和试验验证，例如性能试验、耐久性试验、场地耐久性试验等，使各项性能指标达到技术要求，CA6DF3 发动机在 2005 年开发成功。在正式进入市场前，一汽大柴还对样机产品进行了不同形式的试验，如 2 台 1000 小时全负荷耐久性试验、2 台 10000 次热冲击试验、2 台 1800 小时负荷循环试验、10 台 8 万～10 万千米道路试验等，进一步确保了 CA6DF3 发动机的质量。

CA6DF3 发动机于 2006 年 4 月进入市场，由于采用了国际上先进的电控单体泵技术和 K 系数喷油器，并吸收道依茨成熟的排放控制手段，各项指标达到或超过道依茨公司产品质量标准，该产品处于国际同类产品先进水平，用户对其产品性能与质量评价很高。目前，CA6DF3 发动机已实现批量生产。

### 4. 小结

通过分析表明，许可改进型是指企业在具有较强的系统集成能力和制造能力的基础上，通过购买技术许可证的方式进行生产，在开发过程中逐渐积累相关的元件知识和系统知识，并通过集成团队内部成员之间的知识共享和交互式学习对授权图纸的系统设计、专有模块或旧技术进行改进，提升设计能力，以推出满足细分市场的升级产品。值得引起重视的是，尽管这种模式在"干中学"中积累了大量的技术领域知识，产品开发能力也得到了极大提升，但由于产品内部存在着大量复杂的系统耦合，使得关键技术仍然受制于人，创新能力的提升还需要企业长期的技术努力。

在这种模式下，由于产品子系统或模块之间的耦合程度比较高，对模块生产工艺产生了很高的要求，需要企业与专业模块供应商紧密合作，并在对主体模块详细设计控制的情况下，把各个模块的装配任务进行外包，如图 3 - 13 所示。

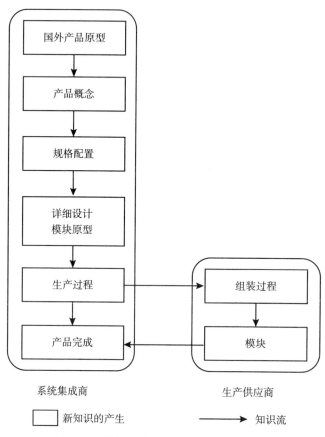

图 3 - 13　详细设计由集成商控制的主体模块

### 3.3.5　比较分析

多案例分析表明，上述四种模式下的装备产品集成创新过程具有明显共性，如图 3 - 14 所示，皆由市场和用户需求调研、产品原型识别与借鉴、系统功能分析与设计、模块分解与外包、系统集成与试验，以及系统交付与服务等阶段组成，并最终向用户提供完整的产品

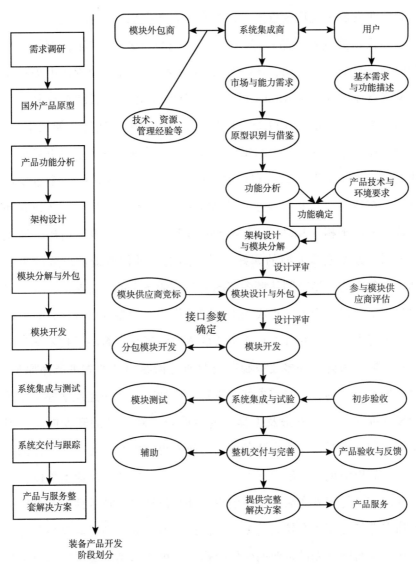

图 3 - 14 装备产品不同集成创新模式共同特征

和服务一整套解决方案。这与陈劲和桂彬旺（2007）所提出的复杂产品系统模块化创新模型的六个阶段相似，但又有所不同，最大区别是他们提出的阶段划分没有包含产品原型识别与借鉴阶段。

实际调研发现，原型识别与借鉴阶段对于处于技术追赶的中国装备制造业发展来说比较重要，许多本土企业在识别需求之后，在国外市场寻找相关成熟产品，即"原型"。CRS450Z5 集装箱正面吊运机的原型来自卡尔马公司；HXD3B 大功率六轴交流传动货运电力机车原型来自庞巴迪 Iore Kiruna 机型；CHD25 型九轴五联动车铣复合加工中心原型来自德国计得美（DMG）公司 GMX 车铣复合加工中心；等等。在产品开发过程中的每个关键阶段，快速学习是产品开发成功的关键。当原型得到有效利用时，可以成为学习过程的一个重要部分，它在速度、质量以及生产率方面提供了优势。卡尔·乌利齐和史蒂文·埃平格（Karl Ulrich & Steven Eppinger，2019）指出，原型是依据一方面或多方面的偏好，对产品进行延伸改造而形成的近似品，它包含的原型范围从概念草图表到功能齐全的人工制品，在产品中起到了学习、交流、集成和里程碑的作用。原型的出现使得企业内部技术努力的目标和外部技术集成的方向清晰化，解决了技术学习的目标问题。为此，许多装备制造企业通过借鉴国外的先进产品原型，并根据本土市场和用户需求特点进行适应性改进，快速地掌握了先进的设计理念、工艺方法及工具，进而提升了新产品的开发能力。但是，我们也要看到，本土装备产品的研发更多的是聚焦于建立在国外先进产品模仿创新基础上开展的，如图 3-15 中的产品原型阶段，所开发的产品与国外产品无论在创意、外观设计以及技术性能、可靠性及稳定性等方面还有较大的差距，而这些不足的提高还需要装备制造企业加强与国外先进企业的研发合作，积极参与到更高层次的原型开发中。

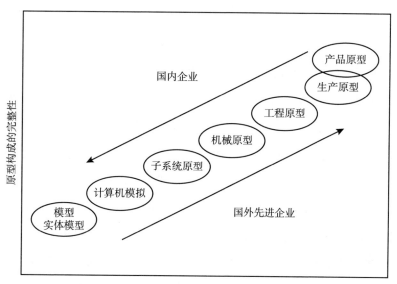

**图 3 - 15　基于代表性和时机程度的原型分类**

在装备产品系统中集成高价值服务的范围大于大规模制造产品。调研也发现，许多装备制造企业逐渐认识到利用新的系统集成技能来集成范围更广的服务和软件向用户提供更加有吸引力的一整套综合解决方案，实现服务在价值链中增值化，这比仅仅提供单个的产品系统获得更多的收入和利润，从而更具竞争优势。事实上，综合解决方案提供商集成有关的服务、支持以及有时外部生产的硬件的能力变得很关键。在这种商业模式下，企业需要重新评估其在产业价值流的位置和开发系统集成能力，以促使这些新颖组合连接在一起（Hobday，Prencipe & Davies，2005）。许多装备制造企业正在尝试如何在整个产品系统生命周期中更好地明确提出产品概念、交付、维护、更新、培训，以及运营产品系统。

通过提供运营性服务，装备制造企业直接获得刺激，能够设计出从一开始就更加可靠、有效率以及便于维护的产品系统，同时，企业也能够认识到来自服务中的设计和系统集成问题，能够通过"用中学"来提高整个产品系统的再设计和性能。徐宇辰（2022）指出，要利用超大规模制造优势和超大规模网络优势，把握数字化、网络化、智能化融合发展的契机，瞄准世界科技前沿，加快创新突破，推动资源要素向战略性新兴产业倾斜，加快向产业价值链中高端升级。

另外，通过进一步对不同模式下的案例进行挖掘和提炼，分析表明，它们各自又具有独特性，如表3-8所示。其中，架构设计型强调对产品系统的设计规则进行建构，关键技术模块外购，同时对外购模块的领域知识具有一定程度的了解；模块更替型是在对产品架构进行控制和对外包模块领域知识了解的情况下，更多地聚焦于模块核心设计概念的更新，以获取更多价值；内部一体化型则是将产品的结构设计、总体设计、模块研制以及系统集成等任务，大部分集中在系统集成商内部进行，并对少量的模块进行外包；许可改进型是在产品技术授权和相关技术知识了解的基础上，主要是在企业内部通过研发人员之间的持续性交互式学习和沟通对许可产品的设计、技术或专有模块进行渐进性改进，从而推出满足细分市场需求的新产品。

表3-8　　　　　　　　　不同集成创新模式比较分析

| 内容 | 模式 | | | |
| --- | --- | --- | --- | --- |
| | 许可改进型 | 内部一体化型 | 架构设计型 | 模块更替型 |
| 设计准则 | 最大绩效 | 最大绩效 | 绩效与模块共享 | 通用共享 |
| 模块设计控制 | 高 | 高 | 低 | 较低 |
| 模块化程度 | 较低 | 较低 | 高 | 高 |
| 产品架构变化 | 小 | 大 | 大 | 较小 |
| 技术依存 | 高 | 较低 | 较高 | 较低 |

| 内容 | 模式 | | | |
|---|---|---|---|---|
| | 许可改进型 | 内部一体化型 | 架构设计型 | 模块更替型 |
| 模块耦合 | 高 | 较高 | 较低 | 低 |
| 技术能力要求 | 较低 | 高 | 较低 | 高 |
| 产品种类 | 低 | 低 | 高 | 高 |
| 模块特征 | 专有 | 专有 | 通用 | 通用 |
| 模块外包 | 困难 | 较难 | 较容易 | 容易 |
| 学习范围 | 整体 | 整体 | 整体 | 部分 |
| 模块协同 | 高 | 高 | 低 | 低 |
| 模块替代 | 低 | 低 | 高 | 高 |
| 模块重组 | 低 | 低 | 高 | 高 |

当然，还需要指出的是，纯粹模块化与纯粹技术相互依赖性是两个极端的边界条件，大多数产品和技术位于这两个极端情况之间的某一点。但这有益于我们理解在以大量模块化为特征的产业中提出一个新的、更好的产品架构的艰难过程。模块化动力学表明，针对新架构的需求，如果企业不能调整它的组织和创新管理，将会遭遇"模块化陷阱"的危险。换句话说，如果企业非常聚焦于在规定的接口标准范围内从事新产品开发，这可能会削弱企业的系统集成能力。"模块化陷阱"的存在，使得装备制造企业未能保持把新元件技术有效嵌入到产品系统中所必需的系统集成能力。因此，在产业演化的过程中，企业在掌握模块创新所需要的元件知识时，还需要掌握某些外包模块的元件知识，以及相关的架构知识和系统知识，只有这样才能动态地应对某个阶段技术和架构所表现出的绩效极限。

## 3.4 本章小结

本章旨在通过多案例研究对装备产品的集成创新模式进行分析。首先，基于技术依存度和模块化程度两个维度，提出了架构设计型、模块更替型、内部一体化型以及许可改进型四种集成创新模式；其次，选择具有典型性和代表性的装备产品开发项目，通过多案例分析，厘清了不同模式下产品创新的微观集成过程和特征。

在对 CRS450Z5 集装箱正面吊运机、HXD3B 货运电力机车及 CHD25 车铣复合加工中心等装备产品开发项目创新案例研究的基础上，结合集成创新、复杂产品系统理论以及模块化理论，通过分析发现，四种模式下的装备产品集成创新过程由市场和用户需求调研、产品原型识别与借鉴、系统功能分析与设计、模块分解与外包、系统集成与试验，以及系统交付与服务等阶段组成，并最终向用户提供完整的产品和服务解决方案，并对系统集成商与模块生产供应商之间的关系进行了分析。

同时，分析也表明：架构设计型强调对产品系统的设计规则进行建构，关键技术模块外购，同时对外购模块的领域知识具有一定程度的了解；模块更替型是在对产品架构进行控制和对外包模块领域知识了解的情况下，更多地聚焦于模块核心设计概念的更新，以获取更多价值；内部一体化型则是把产品的结构设计、总体设计、模块研制以及系统集成等任务，大部分集中在系统集成商内部进行，并对少量的定制化模块进行外包；许可改进型是在产品技术授权和对相关技术知识了解的基础上，主要是在企业内部通过研发人员之间的持续性交互式学习对许可产品的设计、技术或专有模块进行渐进性改进，从而推出满足细分市场的新产品。

# 第4章

## 装备制造业产品集成创新过程的
## 关键因素识别

在第 3 章案例分析的基础上，本章主要对装备产品集成创新过程的关键影响因素进行识别研究。一个重要理论的最终形成需要在理论建构和理论验证两个方面进行多次的实证研究。首先构建了集成创新因素与装备产品项目创新绩效之间的关系模型，进而提出了相应的理论假设，通过因子分析对因素聚类，然后通过回归分析识别出装备产品项目开展的关键因素，这为下一章装备产品集成创新模式的选择研究奠定了基础，所识别的关键因素也可作为装备产品开发项目创新管理的参考。

## 4.1 研究框架

从第 3 章中图 3 - 15 可以看出，四种集成创新模式下的装备产品开发过程基本上由市场和用户需求调研、产品原型识别与借鉴、系统功能分析与设计、模块分解与外包、系统集成与试验、系统交付与服务，以及产品和服务整套解决方案等阶段组成。我们可得出，装备产品集成创新与大规模制造产品创新模式不同的特性，装备产品不同模式的集成创新涉及的单位很多，技术构成和开发过程复杂，装备产品集成创新强调用户和模块供应商的参与创新，强调与外部技术来源之间的合理分工和密切合作，装备产品开发项目集成创新成功的因素很多，不仅与市场信息了解、产品模块化特征、装备产品创新特性有关，而且涉及多元化外部技术源的掌握、企业间关系管理及装备产品的系统集成等诸多因素，为了在装备产品项目创新过程中推广应用集成创新的管理方法，非常有必要对装备产品集成创新过程的关键因素进行研究。

为更好地对不同模式集成创新过程的关键因素进行识别和寻找共性，从装备产品开发的先后逻辑以及企业对内外部不确定性的响应出发，并在借鉴技术集成分类（West & Iansiti, 2003）的基础上，把集成创新的过程划分成外部集成和内部集成。基于能力观和资源观，其中，外部集成聚焦于产品概念创造到产品概念实施之间，包含四种模式中市场和用户需求调研、产品原型识别与借鉴、系统功能分析与设计及模块分解等阶段。在这几个阶段企业需要具有获取外部相关新信息的能力，例如市场知识能力，同时，在制定和评估可能的产品概念时，还需要有理解这种新可能性与企业现有能力基础，例如模块化和技术吸收交互作用的能力。内部集成则更多地强调新产品系统集成的实施，直接影响到产品集成创新的效果，它与企业的内部集成能力相关，例如协调、领导及组织惯例等确保企业各职能部门之间以及与模块供应商等利益共同体之间有效沟通和新知识及时应用的能力，特别是系统集成能力。

装备产品是典型的复杂产品系统，在第 2 章关于复杂产品系统创新的影响因素与复杂产品系统创新特征的文献研究综述中已有阐述，为装备产品开发过程中的关键因素识别提供了理论基础。首先，由于相关研究主要以 IT、制药、普通消费品等产业为研究对象，而对装备制造业这一行业的研究还不足，产业背景决定了产品创新本质的不同，对装备制造企业而言，其产品创新属用户定制，所涉及的技术领域远远超过大规模制造产品，客观上需要企业对产品的用户和市场需求、外部技术、内部创新资源等因素开展集成；其次，有关集成创新的研究，主要是以发达国家的企业产品创新为背景提出的，而对中国装备制造企业而言，技术基础及创新资源依然处于劣势，因此，在研究集成创新绩效的影响因素时，需考虑中国企业产品开发的实践及其背景。

由于对装备产品集成创新过程的影响因素研究不足，本章借鉴大规模制造产品创新的影响因素进行分析。理论上讲，装备产品集成创新是一类特殊的产品创新，大规模制造产品创新因素在装备产品创新中应该有所体现，但是并非所有的大规模制造产品创新与集成创新相关的因素都会在装备产品项目集成创新中体现出来，而且在装备产品集成创新过程还会有新的影响因素产生，所以在提出假设的前提下，通过大样本的问卷调查，借助数理统计的回归分析方法识别出对装备产品开发项目创新绩效有显著影响的关键因素，所识别的关键影响因素作为装备产品集成创新模式选择研究的基础，装备产品项目不同模式集成创新过程的关键因素识别的初步理论框架如图 4 - 1 所示。

图 4 - 1　理论框架

## 4.2 概念模型

从理论框架图 4-1 可以看出，装备产品集成创新与企业的外部集成和内部集成密切相关。装备产品与其他产业、产品关联度大，用户定制化程度高，用户需求因而成为产品概念开发能否成功的关键，这就要求企业深刻洞察用户的前沿需求、个性化需求。伦德瓦尔（Lundvall，2004）较早强调了制造商与用户之间互动对创新的重要性，指出创新所需的知识来源于制造商与用户之间的互动。新产品在开发阶段可以通过取得用户的信息，转换成最终的集成开发新的市场需求、创新机会，从而降低错误理解用户需求所带来的风险。市场导向的知识可以了解用户的需求，进而提供定制化的产品和服务，据此企业能够评估新产品开发的市场潜力。市场知识能力是有利于组织学习的企业文化，它在权衡不同利益相关者的利益关系时，优先强调以有利可图的方式创造和维持卓越的用户价值，并且为企业的发展和市场需求的反应提供行为的准则（Slater & Narver，2012）。从工程设计的角度出发，产品计划的原发性推动力可以来源于外界，即通过市场和周围环境产生，也可以通过企业内部产生。其中来自市场的推动力主要有四个方面：本企业产品的技术和经济形态，可以从销售情况获悉；市场需求的变化，比如新的功能、外观设计；用户的鼓励和批评；竞争者的产品的技术和经济优点（Sosa Eppinger & Rowles，2007）。

许多企业装备产品开发比较慢的原因并不在于技术，而在于缺乏那些善于捕捉到潜伏在全球各地商业气息的能力。通常，一个具有更强市场知识能力的装备制造企业，才能比竞争者更有能力准确理解用户需求、预见其未来的变化，并且将企业通过组织学习建立起来的市场知识与企业内部的其他知识，如营销、生产、技术、管理等方面的知识进行集成，从而进行持续的技术和管理创新。因此，企业必须有效地通过调查、购买等手段对市场知识加以获取，并通过组织学习过程转化为组织知识。在此基础上，企业通过集成、转化等过程使市场知识与企业其他方面的知识相结合，产生新的集成知识，并且利用市场知识及其产生的集成知识指导企业新装备产品开发的各种运营活动。

装备产品具有典型的复杂产品系统特征，包含大量的元件和子系统，创新所需要的技术知识领域远远超过大规模制造产品。企业对技术知识的吸收、传递、转化和开发能力是其与竞争对手存在差异的根本所在。然而由于装备制造企业受到时间和资源的限制，无法在内部开发所需的全部知识和能力，因此必须采取有效的方式从组织外部组织获取自身所不具备的技术知识并应用。由于许多技术知识，特别是隐性知识，本身特有的专有性及难以进行市场交易性等特征，企业不能轻而易举和不费代价地获取它所想要的任何技术知识。斯科特（Scott，2003）认为，企业吸收能力越高，越能更好地理解新知识内容，利用新知识提高创新率。蔡克宏（Tasi K H，2009）的实证研究表明，企业利用和集成外部技术知识的程度依赖于内部积累的技术吸收能力。因此，企业必须具备将外部技术知识内部化的能力才能有效地获取技术知识，而这种能力就是企业对技术知识的吸收能力，它已成为体现装备制造企业竞争力强弱的关键因素。

装备产品由许多具有复杂界面以及为用户定制的模块和模块子系统等组件构成，各组件常以层级链方式集成并为特定的用户预制，组件往往自身就具有用户定义和高成本特性。同时，由于市场对装备产品功能、容量和可靠性的要求可能发生变化，这也促使装备产品创新的复杂性加大。产品模块化设计被认为是处理复杂技术的重要手段，它已成为装备产品快速创新的核心。装备产品依据模块化设计规则，分解为不同子系统，各子系统所隐含的技术涉及多个科学技术领域，而且技术内容复杂，技术的更新换代速度快，这使得装备制造企业不可能也不需要掌握创新所需要的全部技术，可以低成本地从外部获取互补性技术。装备产品作为一个完整的系统，技术性能由各子系统或模块共同决定，这些子系统的技术演进速度会表现出差异。对于多元件、多技术的产品，部分子系统所隐含的技术发展迅速，使该子系统性能显著提高，同时系统其他部分也需要做出补充性调整。这使得装备产品创新面临着不同技术模块之间的匹配问题。而技术模块化使单个模块的变换可以改进整个产品技术系统的性能，不但保持了产品的完整性，还促进了产品技术系统的升级换代（Anne Parmigiani & Will Mitchell，2009），能够解决企业规模经济要求和消费者特定需求相平衡的难题，使得模块可以单独开发并替代使用，提高产品开发效率。从战略管理角度，模块化能够帮助管理者更好地处理嵌入到产品架构设计中的复杂性，理解和预见是什么影响把产品系统分解成较简单部分或标准化模块集成为一个新的创新，这些都将依赖于模块在未来产品架构中的模块化程度。

由于装备产品的创新涉及多个领域的知识，例如与产品或者服务有关的知识、与生产过程有关的知识及与市场有关的知识，同时，用户对更加复杂的装备产品的需求，促使系统集成商与价值链上游的元件、技术、技能及知识供应商建立长期的外包关系，因此，装备产品的成功开发、企业对各种创新资源的内部集成显得尤为重要。复杂产品相关知识分为三个不同的但交互作用的层次：一是属于不同科学和技术范式的元件或子系统知识；二是在元件和子系统之间交互作用，形成反馈回路的架构知识；三是把元件和子系统连接在一起进行集成构成完整系统的系统知识。与相关知识相对应，可以将企业技术能力划分为元件层次的能力、建构能力和系统集成能力。

在中国装备制造企业掌控系统设计和某些核心元件知识的基础上，通过集成创新利用外部技术资源，就有可能在与国外竞争对手存在较大差距的背景下，实现装备产品的自主创新，并取得主导产品开发全流程的经验，这是企业技术集成能力成长的基石。克莱因施密特等（Kleinschmidt et al.，2010）认为，内部集成能力、外部集成能力、技术能力以及市场能力对产品创新效率和工艺创新效率均具有显著影响。杜兰德（Durand，2001）指出，产品开发的概念过程伴随着企业对外部信息的集成，产品开发的实施过程伴随着企业内部信息、人员、团队、职能部门的集成，对内外部知识沟通与融合的管理影响着企业的创新绩效。企业经过内部集成努力，有助于持续的技术学习和研究开发。一方面，企业能够对自身的不足有全面了解和清晰认识，使得后续的技术学习和研发有明确的目标性；另一方面，由于企业掌握了产品开发的主动权，可以根据技术的发展和市场的变化，主动开展研发。本土企业在技术基础和创新资源落后于国外企业的背景下，只有通过内部集成努力才能在集成创新中处于主导地位，在利用外部创新资源的同时，掌握技术创新的主动权。

已有的研究结果中，有的学者研究了市场知识能力对创新绩效的影响（De Luca & Atuahene - Gima，2007；Tamer Cavusgil，2021；尚晓燕和王永贵，2015；范公广和施杰，2017），有的学者研究了技术吸收能力对创新绩效的影响（Garcia - Morales，2007；Chen Y - S et al.，2009；窦红宾，2010），有的学者分析了模块化对创新绩效的影响（Worren & Moore，2002；Lau Antonio，2009；陈劲、桂彬旺，2007），还有学者分析了内部集成对企业产品创新的影响（West & Iansiti，2003；Hobday，2005；Lau Antonio，2009；Zhao X et al.，2011）。但已有成果中尚未有对市场知识能力、模块化、技术吸收能力、内部集成和集成创新绩效之间的联系机制进行的分析。针对中国装备制造企业发展所处的阶段、所面临的问题以及装备产品的特性，在专家访谈、企业预调研的基础上，本书选定市场知识能力、模块化、技术吸收作为影响产品集成创新的关键因素。本章在第三章案例分析的基础上综合运用复杂产品系统、集成创新、模块化、市场知识能力和技术吸收能力理论，研究了市场知识能力、模块化和技术吸收通过内部集成对集成创新绩效的影响机制。

为此，本书在市场知识能力、模块化、技术吸收、内部集成和产品集成创新绩效的文献基础上形成概念模型，分析单元是单个的装备产品开发项目。概念模型表明了研究构念之间的关系，如图 4 - 2 所示。首先，分析市场知识能力、模块化及技术吸收能力对集成创新绩效的直接影响；其次，分析了市场知识能力、模块化及技术吸收能力对内部集成的促进作用；最后，分析了内部集成对集成创新绩效的影响。

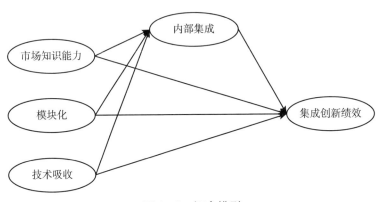

图 4 - 2　概念模型

通过以上分析，概念模型与四种集成创新模式下的装备产品开发过程能够较好地进行匹配，市场知识能力、模块化、技术吸收及内部集成也共同为不同集成创新模式的形成过程提供了理论基础。

## 4.3 研究假设

### 4.3.1 市场知识能力对产品集成创新绩效的影响

许多装备制造企业在市场和新产品开发活动之间建立了联系。产品开发过程中最重要的是如何从市场获取知识，而了解市场需求是产品商业化成功的关键。为提高新产品竞争优势，装备制造企业需要产生关于用户或竞争者的市场知识。市场知识则为新产品概念的选择形成了一种给定的环境，使得其后的技术方案必须遵守这种既定的选择。自20世纪90年代以来，市场知识能力被越来越多的企业能力理论和营销学者关注。在市场知识及其战略意义的研究中，威廉·贝克和辛库拉（Baker W & Sinkula，2010）认为市场知识能力是一种核心组织能力。卡兰托尼（Calantone，2010）将市场知识定义为关于市场的有组织的结构化信息，认为市场知识能力是产生和集成市场知识的流程，流程则是一系列的企业活动，并指出企业与用户的互动对新产品成功商业化有积极的效果。叶军、马里诺娃、辛格（Ye J，Marinova & Singh，2012）认为市场知识能力是组织的战略资产。乔治·戴（George Day，2020）认为可以利用市场知识能力来提高新产品的竞争优势。以上观点与以往学者对市场导向的观点是一致的，指出市场知识能力包括顾客知识流程、营销和研发部门的互动、竞争者知识流程三部分。

虽然创造和集成市场知识是通过一系列的组织流程进行的，但仅仅把市场知识能力理解为某些企业流程则可能忽视贮存于组织记忆中的有关创造和集成市场知识的企业技能和专门知识，以及与此相关的组织认知学习的过程。并且，不论何种企业核心能力，其本质都是一定技能、经验和知识的集合。因此，流程可以看作是积累、贮存和运用企业能力的载体，企业能力的强弱可以依据流程来进行衡量和评价。基于以上认识，张省等（2012）把市场知识能力看作是有关创造和集成市场知识的组织中累积性的知识，并认为市场知识能力本质上是一种组织学习能力或创新能力，将其划分为顾客知识能力、竞争者知识能力和跨部门协作能力。这与"市场导向"（Narver, Slater & Maclachlan, 2004）概念一致，他们都认为组织应专注于目标用户的需求，并运用所收集的信息应用在创造用户价值上。

市场知识能力不仅强调通过特定的组织流程产生和集成市场知识，还重视贮存于组织记忆中的那些产生和集成市场知识的企业技能和专门知识，以及相关的组织认知学习过程。市场知识能力是一个多维度、复杂的，与企业新产品和服务开发有关的组织动态能力，包括获取三种相关知识的能力，即对客户的了解，以明确客户现实或潜在需求信息；对竞争对手的了解，以了解竞争对手当前的战略和产品以及服务特色；企业对技术来源的甄别，以促使从外部获取的知识可以有效地体现到企业的新产品和服务开发与设计之中（Li & Cavusgil, 1999）。尚晓燕和王永贵（2015）从知识来源的角度对市场知识能力体系进行架构，认为市场知识能力由顾客知识能力、竞争对手知识能力以及集成知识能力三个维度组成，此后，构建了市场知识能力对组织绩效作用的结构方程模型，以装备制造业作为研究对象进行实证发现，市场知识能力通过内部集成能力对组织绩效有着积极的影响。范公广和施杰（2017）通过对传统制造型企业的实证研究发现，组织的市场知识能力的确成为组织参与竞争的一种重要资源，显著影响组织的创新绩效。

由于装备产品具有典型的复杂产品系统特征，在装备产品创新过程中，单个企业难以完成全部任务，需要系统集成商、用户、供应商等多方面合作，系统集成商必须深入了解供应商等外部技术源的技术能力以及用户的需求，从而在产品系统层次上有效集成元件及子系统。由于装备产品的复杂性，其成功商业化具有极大的风险性，需要用户尽早地参与到新产品的开发，以获取系统而结构化的市场信息。如何从大量模糊的用户需求中识别出关键需求并形成整套产品系统的解决方案将直接关系到系统开发的成功与否。研发人员应该在新产品开发阶段直接与用户进行互动并建立更密切的关系，这有助于新产品的成功研发。谢尔曼、伯科维茨、苏德（Sherman，Berkowitz & Souder，2005）通过对美国和英国高技术企业的 101 个新产品开发项目，提出了在技术和市场不确定性的条件下，企业研发与市场营销活动的集成，以及研发活动与用户需求的集成对新产品开发都表现出重要的促进作用。伊恩斯蒂和克拉克（1994）强调用户集成能力，认为它是把未来用户及其产品应用的信息和知识与产品开发过程和详细工程设计连接起来的能力。

装备产品创新的特点决定系统集成商需要具备广泛的市场知识基础。装备产品创新的特点表现为多元件和多技术，构成装备产品的元件和子系统之间相互依赖，对于系统集成商而言，必须要了解产品开发所涉及的技术领域，熟悉各类元件和子系统的功能特性，才能有效完成多元件和多技术的系统集成，从而满足用户和市场需求。库珀和克莱因施密特（2016）在其关于产品创新成功因素识别的对比研究中发现，企业对新产品进入市场外部环境信息的了解在新产品项目选择中具有重要作用，得出市场竞争状况与新产品绩效有显著影响。与外部技术源广泛接触是培养有关市场知识基础的关键，在调研过程中发现，大连机床在与多种类型外部技术来源的合作过程中，在机床行业涉及的各个技术领域建立起广泛的市场知识基础，为集成创新的开展提供了前提条件。大连机床与数控系统供应商发那科公司解决了机电一体化技术，与西安交通大学、高金数控合作研究数控机床的基础、共性和关键技术，通过并购国外同行企业获得英格索尔组合机床制造技术和曲轴加工技术，以及德国兹默曼五轴龙门铣削加工技术等。盛亚（2012）研究证明，竞争对手的数量过多、实力过强以及其不正当竞争行为等因素都是复杂产品系统创新失败的因素。本书的项目访谈结果也显示，装备产品所面临的市场虽然是寡头竞争市场，但竞争对手的行为常常可以影响装备产品开发项目创新的效果。

综上所述，市场知识能力通过从企业外部获取、消化吸收和应用与用户、竞争者以及产品技术发展动态有关的市场信息来影响企业的创新能力和竞争优势。为此，我们认为企业的市场知识能力是装备产品成功商业化和获得竞争优势的关键因素之一，并提出以下理论假设：

假设 4 - 1：市场知识能力对装备产品集成创新绩效有正向的影响。

假设 4 - 2：市场知识能力对内部集成程度有正向的影响。

假设 4 - 3：市场知识能力通过中介变量内部集成对产品集成创新绩效产生间接影响。

### 4.3.2 模块化对产品集成创新绩效的影响

装备产品具有典型的复杂产品系统特征，包含大量定制的元件、子系统及将它们连接在一起的控制单元，这些元素按照复杂层级结构组成整个系统；同时装备产品具有用户定制的特点，产品设计必须满足用户的特定需求。市场和用户需求快速变化的趋势，要求企业缩短新产品开发周期，降低开发成本，这加剧了技术的更新换代，使得企业开发模块化产品已成为提高自身竞争力的一种能力。例如，CHD25型加工中心数控机床作为复杂产品系统，由床身模块、动力刀架模块、主轴模块等主要模块组成，是多元件多技术的产品，已经实现模块化设计。模块化产品被设计为一套独立的模块，这些模块能够重新使用和互换。模块化设计就是通过对模块的选择和组合来建构不同性能要求的产品，促进了产品的多样化，也为产品的创新带来了新的特征，包括模块独立或分离的程度、模块独特程度以及在生产过程中的可转移或再利用程度等（Baldwin & Clark，2000）。从而，企业能够灵活地装配模块开发新产品，并行开发独立的模块加快新产品交付，重复使用高质量模块，以及快速地测试和替代有缺陷模块来提高用户服务。

装备产品的技术体系是由多个模块或者子系统集成而成，子系统或者模块按照技术类型或者最终实现的功能需求进行划分。企业技术系统建构的一种有效方式是产品模块化设计，它有利于企业以模块为产品，直接面对市场，在划分产品模块框架下集成各种资源进行新产品开发。创新和多样性的决策影响产品复杂性，以及供应商的参与程度，另外已有模块的使用能够影响在企业内部完成工程设计的数量。针对装备产品技术复杂的特点，企业没必要从事所有环节的生产，可以通过技术系统的模块划分把自己非专长的业务外包给专业化模块供应商，然后将技术模块集成嵌入到自己的产品中，从而更具竞争优势。随着产品或服务复杂性的增加，对产品或服务系统进行模块分解就越有必要。一个产品系统是否需要进行模块化取决于系统的可分性、系统投入和需求的异质性，并且系统的协同专一性程度影响整个系统的可分性（Schilling，2000）。刘海兵等（2021）认为，产品模块化能够促进清晰的价值链结构、独立技术供应商和开放的产品架构设计的出现，为本土企业的产品市场准入提供了机会窗口。

企业成功设计模块化产品能够提升它的竞争力。大多数的装备产品能够被分解成比较简单的部分（如子系统、模块以及元件），每一个模块在产品架构中用特定的方式而不是随意地与其他模块连接。这意味着企业异质的产品架构设计能够增加竞争者的模仿难度，它允许企业指定不同的模块设计团队专注于不同的技术模块化开发。逐渐地，他们的经验为企业提供了大量的专业技术知识。特定的模块设计和架构经验致使设计者运用特别的方式思考和行动，与现有的模块架构匹配。这从长期来说，变得隐性和难以复制。然而，装备产品中标准化模块俘获新产品混合匹配的可能性、成本优势和市场投放，以及装备制造企业新模块俘获新产品性能和产品架构设计的外包战略，同时，定制化模块与企业制造流程的匹配程度，这些都会影响产品架构的模块化程度。朗格卢瓦（Langlois，2003）认为，技术模块化导致市场力量的复苏，这将会使大企业"看得见的手"（visible hand）看不见，出现了一种新型的劳动分工，即专业化公司利用通用工具进行模块生产的扩散。尤其是近来，模块化设计也为知识密集型服务业的垂直专业化生产提供了充足的机会，例如软件、信息服务、工程设计以及研发，这促进了装备产品模块之间有效集成解决方案的制定。

随着模块化设计的成熟，当企业拥有产品技术平台和模块通用时，模块产品设计能够减少制造成本，产生规模经济，降低库存成本，以及降低维修和开发成本。模块产品设计也提高了产品质量，因为它要求企业尽早地详细规范模块接口，这有助于企业提高识别质量问题和提高每个模块的可靠性（Mikkola，2003）。此外，模块产品设计也致使产品交付时间加快，这是因为企业通过已有的技术平台，能够在比较短的前置时间内组装现有模块来交付产品（Ernst，2005）。产业出现统一的技术标准和大量外部技术源，使得复杂模块产品的开发类似于一套复杂性较小产品模块的开发，从而能够灵活地设计和测试。当产品模块已经被完全指定和分离，企业能够对每个模块独立进行试验，模块化设计的优缺点能够逐渐地被识别，从而提高了设计柔性、制造柔性，以及产品创新性（Hofer, Brandl & Bauer, 2020）。模块产品设计通过快速地解决技术难题和向用户交付通用零部件和服务，也能提高企业提供用户服务的能力。国内学者杨瑾和王雪娇（2019）从知识员工激励的角度论证了模块化可以降低知识之间的相互依赖程度，使知识以相对独立的模块化片段被分解开来，其结果是基于利他合作的知识员工激励机制得以强化。

为促进模块或者子系统交互之间最优匹配，企业要考虑产品架构连接和集成耦合性，这使得产品系统本身变得更加复杂。装备产品模块相互之间的连接方式会产生某种程度的耦合，在功能上依赖于其他模块，形成了一定数量的接口。在集成创新过程中，装备产品中的任何一个模块在工作过程中都不是完全独立的，因此任何一个模块都必须至少有一个接口以便和外界进行连接，为了确保模块集成的顺利完成，应该尽量保证模块接口的标准化与合理性。产品架构中的模块具有高耦合度显示出了高协同特征，因为模块之间的强相互依赖抑制了新模块的重新组合、可分解性，以及替代性，因此也会增加产品系统的集成的难度，从而影响产品的创新成功。由于低耦合度的产品架构包含的模块相对相互独立，能够独立定义特定的功能，因而在它们之间利用标准接口连接使得产品的运行具有很少的或者没有性能损失，满足产品的功能需求。在多元件、多技术的产品中，某些子系统内嵌的技术发展迅速，促进了该子系统性能的提高，而其余部分也要相应地做出补充性调整。

由于装备产品在技术构成和系统结构表现出较高的复杂性，其创新过程所需要的技术也均表现出不同的深度和广度，这增加了产品开发的难度，因此装备产品各模块之间的集成方案是实现产品系统集成创新的必要条件，因为集成方案的实现不仅仅需要具有必要的技术水平，而且要保证集成的技术人员有必要的技能和充足的知识以实现他们的目标任务。装备产品项目中各模块集成方案作为一类单独的重要因素，直接影响到装备产品开发的成功与否。模块化设计已成为装备产品设计的主要手段，企业在深入利用外部技术资源的过程中，通过模块化厘清装备产品内部大量元件和子系统的关系，正确理解了模块内部结构、界面、标准三个要素，以及制定合理的模块之间的技术集成方案，这有助于提高企业的竞争优势。基于以上理论和实证，本书认为产品模块化是一种核心资源，有助于提高产品绩效，并提出以下理论假设：

假设4-4：模块化对装备产品集成创新绩效有正向的影响。

假设4-5：模块化对内部集成程度有正向的影响。

假设4-6：模块化通过中介变量内部集成对产品集成创新绩效产生间接影响。

### 4.3.3 技术吸收对产品集成创新绩效的影响

当前，装备产品被嵌入在日益复杂的技术网络中，企业没有必要也不可能掌握关于产品开发的全部领域知识，这要求企业必须善于吸收和利用外部技术。在研究企业知识管理与竞争优势上，吸收能力是一个不能忽视的因素，它是影响企业创新能力、创新绩效的关键因素，也是近几十年来企业研究中出现的最重要的概念之一。由于装备产品技术构成复杂，其产品开发涉及不同学科的技术，为实现自主开发，客观上要求企业在内部研发的基础上从外部获取大量的技术和知识，这就需要企业具有与其创新能力相适应的技术吸收能力，才能获得竞争优势。以冰山集团离心式水源热泵机组开发为例，其核心部件离心式压缩机的技术主要被瑞士埃希玛（AXIMA）、特灵（Trane）及孚瑞（Friotherm）等企业控制，本土企业在开发离心式水源热泵机组之前，就需要获取和吸收这些企业的离心式压缩机技术。许多研究也表明，正是由于日韩企业对新知识与新技术的吸收能力极强，才确保了日韩工业技术的快速成长。

吸收能力是企业具有识别外部知识的价值，随之将其消化吸收并应用于商业用途的能力集合，并认为它是企业的基本学习过程，是企业具有创新能力的关键性要素。金明洙（Kim，1998）认为吸收能力是学习能力和解决问题的能力，学习能力是为吸收知识从而进行模仿，解决问题能力是为创造知识从而实现创新。在此基础上，扎哈拉和乔治（Zahra & George，2002）提出了易于测量的定义，吸收能力是企业的一系列与创造和利用知识有关的组织惯例和流程。通过这一系列组织惯例和流程，企业能够获取、消化、转化和开发外部知识，以提高企业获得和维持竞争优势的动态能力，进一步将吸收能力划分为潜在吸收能力与实际吸收能力，前者强调获取和消化外部知识的能力，后者包含转化与开发知识的能力。这些研究都认为，吸收能力是一个多维度的构念，包括对知识的评价、消化吸收和利用，而且与组织的现有知识基础和学习的努力程度有关。莫维利（Mowery，2011）认为，吸收能力是一系列的技巧和能力，它反映了组织处理、转移知识的隐性部分以及将基于外部资源的能力转化为内部应用的需要，并发现吸收能力有助于解释企业间技术能力知识的转移问题。

莱恩和鲁巴特金（Lane & Lubatkin，1998）运用三个前因变量对相对吸收能力进行了分析，即两个企业具有相似的知识基础、组织结构和补偿政策以及主导逻辑（dominant logics）。莱恩（2006）对吸收能力的概念进一步具体化，更加详细地定义了吸收能力，它是企业通过三个连续的过程来利用外部新知识的一种能力，这三个连续的过程是：通过探索性学习识别和理解外部潜在的有价值的新知识；通过转化性学习消化有价值的新知识；通过开发性学习使用已经消化的知识创造新的知识和商业成果。尼卡·姆勒维克和伊戈尔·普罗丹（Nika Murovec & Igor Prodan，2009）基于创新的两种类型，科学推动和市场拉动，将吸收能力分为两种类型：一是基于大学、非营利机构等科学信息的科学推动吸收能力；二是基于用户、供应商、竞争对手、专业会议及博览会等市场拉动的吸收能力。温特、苏兰斯基、林戈（Winter，Szulanski & Ringov，2012）认为企业的吸收能力是知识转移的关键因素，吸收能力能获取知识信息并加以消化吸收，以提升自身的研发能力。

装备产品创新多元件多技术的特点决定了企业要了解和熟悉多个技术领域的知识。伊恩斯蒂和克拉克（1994）对汽车和计算机产业进行实证研究，结果表明，内部多个技术领域知识的有效集成，需要企业具有一定程度的技术能力基础。企业具有较高技术吸收能力，提高了企业多元技术的内部集成。范登伯希（Van den Bosch，1999）强调了外部环境的作用，指出企业需要根据不同的知识环境，通过组织惯例与组合能力的共同演化来提升创新资源的配置水平，从而有助于企业识别和吸收外部知识。蔡文彬（Tsai W P，2001）在研究组织内不同部门间的知识转移问题时发现，知识和新观念要通过交互作用来共享和开发，与其他部门联系多的部门，可以接触更多的外部知识，带来更多的信息交换、知识转移和学习共享，而吸收能力在各个部门成功复制新知识的过程中扮演着重要的角色。技术吸收不能单独完成新技术的采纳，获取的外部技术通过集成现有的知识和技能才能得到更好的使用，以及必要时对能力进行提升（Woiceshyn & Daellenbach，2005）。法布里齐奥（Fabrizio，2009）指出，组织没有进行知识内化的努力，外部知识就难以有效地运用到新产品的开发中。

由于创新是组织学习的结果，而组织学习又与企业的技术吸收能力紧密相关，因而技术吸收能力与创新绩效之间存在递推关系。许多研究表明，吸收能力能促进企业的知识和技术转移，有助于新产品开发，从而提高企业的技术创新绩效（Cockburn & Henderson，1998）。蔡文彬（2001）从网络的视角对组织的学习过程进行考察后发现，组织部门的吸收能力不仅对其创新和绩效有直接的积极影响，而且，占据网络中心地位的组织部门，其创新和绩效还受到与吸收能力交互作用的影响，也就是说吸收能力不仅直接影响各部门的创新与绩效，还通过与各部门网络位置的交互作用间接影响其创新与绩效。蔡克宏（2008）指出，外部技术来源能够促进企业绩效的提升，但是不能排除对企业内部研发活动的承诺，企业应该把外部技术获取作为内部技术能力提升的一种补充，只有这样才能促进外部技术知识的识别、评估、消化吸收以及集成。埃斯克里瓦诺（Escribano，2009）等认为，较高的吸收能力能够更有效率地管理外部知识流，促进创新绩效的提升，尤其是在知识涌现和强大知识产权保护的情况下。

在国内，黄珺和文守逊（2009）在考虑知识溢出和吸收能力的战略技术联盟博弈中，通过分析战略技术联盟成员企业的 R&D 活动，得出吸收能力对提升企业绩效具有积极的影响。这是由于吸收能力的存在使得较高的外生溢出，才会导致 R&D 合作更有效率，并且吸收能力可以有效降低知识溢出对 R&D 投入的负效应。吴家喜和吴贵生（2009）在组织整合与新产品开发绩效的影响研究中，以中国制造企业为对象进行实证发现，吸收能力对新产品开发绩效有着正向影响。窦红宾和王正斌（2010）在以装备制造企业为研究对象对网络结构和吸收能力与企业创新绩效的实证研究中，发现吸收能力对企业创新绩效的提高发挥着积极的作用。李巍和许晖（2012）在社会资本与技术创新绩效的影响研究中用实证表明，吸收能力对创新绩效有积极影响。卢艳秋等（2021）通过实证，表明先验知识的存量与内涵、研发投入程度、学习强度与学习方法以及组织学习的机制等因素影响企业吸收能力的提升，并对组织技术创新和管理创新都有显著的直接影响。

技术吸收能力促使企业能够适应快速变化的市场环境，从而获得长期竞争优势。企业投资发展吸收能力有助于预测技术发展趋势，在竞争对手之前识别出技术机会并加以利用。吸收能力有助于企业深化多个技术领域的技术发展和市场需求的认识，从现有知识体系中识别出与产品开发相关的知识，并开展技术学习领悟技术知识的内涵及适用性，为后续装备产品的集成创新提供了能力保证，使企业能在更高的平台上开展集成创新。大连机车通过吸收外部技术知识，设计建造HXD3电力机车后，在国内电力机车市场上取得成功后，随着订单的增多，企业开展了新一轮的集成创新，在HXD3电力机车的基础上，进一步优化设计和采纳新技术模块，开发出了大功率HXD3B电力机车，使得该机车更可靠、更环保，并通过改进工艺方法缩短建造周期，产品的竞争力显著提高，企业的技术能力也得以持续成长，HXD3B型机车已成为世界上最大功率的电力机车。

技术吸收能力促使企业能够快速学习、吸收、转化并应用其他企业或组织的已有成熟技术和新技术，在提高创新能力的同时满足组织间合作网络的技术需求，完善了创新的商业生态系统，有助于企业更好地对已有和外部技术知识进行集成。企业也能够对关键的领域知识和自身的不足有全面了解和清晰认识，这使得进一步的技术学习和研发有明确的目标性。企业开展目标明确的内部集成，也能推动新技术知识的吸收和自主技术能力的形成。基于以上分析，提出以下理论假设：

假设 4 - 7：技术吸收对装备产品集成创新绩效有正向影响。

假设 4 - 8：技术吸收对内部集成程度有正向影响。

假设 4 - 9：技术吸收通过中介变量内部集成对产品集成创新绩效产生间接影响。

### 4.3.4　内部集成与产品集成创新绩效

装备产品集成创新过程中所涉及的技术领域广泛，为克服自身技术资源的不足，装备制造企业在产品研发过程中不仅需要与多方外部技术来源合作，还需要通过内部技术努力集成已有知识，产生企业所需要的新知识，从而缩短产品研发周期，减少不必要的重复开发，提高产品开发效率。这使得内部集成已成为装备产品研发成功的关键要素。传统的组织结构文献强调了内部集成在产品开发项目中的作用。艾伦、卡茨、格雷迪（Allen，Katz & Grady，2010）对产品开发过程的内部集成的机制进行了详细的讨论，分析了职能部门之间和跨职能部门沟通对研发项目绩效的益处。对综合问题解决的许多实践，包括技能、惯例及组织流程的复杂模式对随后一系列任务中的问题解决活动的集成，表明内部集成是重大开发项目管理有效实施的基础（Patanakul，2022）。

许多文献指出内部集成能够提高产品的某些竞争力，如低价格、产品质量、交付时间等。内部集成把上下游小组连接在一起，这要求所有小组同时参与到产品、工艺和生产计划中。伊恩斯蒂和克拉克（1994）把技术集成分为外部集成和内部集成，并指出内部集成聚焦于那些集中和管理内部资产对技术选项反应的问题解决活动，确保新概念的成功执行。在此基础上，把内部集成分为跨职能部门集成和反复问题解决，并进一步以汽车和计算机产品项目为例进行实证，其结果表明内部集成能够提高项目实施的速度和效率，并对产品绩效产生积极影响。沃尔希莘和戴伦巴赫（Woiceshyn & Daellenbach，2005）在他们对加拿大石油和天然气公司的研究中发现，内部集成是在组织内部借助技术发起人和多学科团队等形式共享所获取的外部市场信息，促进新技术的实施，并取得了很好的市场效果。劳·安东尼奥等（Lau Antonio et al.，2009）指出内部集成已经被制造商们用来改进运营绩效，通过实证发现，更好的内部集成能够显著地提高产品创新性、产品质量、交付时间、灵活性及用户服务等企业竞争力。

许多研究也表明内部集成能够显著提高产品绩效。兰福特和洛德（Ranft & Lord，2002）认为，在企业的技术集成过程中，内部知识积累和技术集成多维度的综合实施能力决定了企业技术集成的效果及技术能力提高的程度。罗杰斯（Rogers，2003）认为，企业具有较好的技术基础和技术学习能力有助于企业内部集成的顺利开展，进而提高企业新产品开发的成功率。多格等（Dorge et al.，2004）认为，内部集成是把同步工程、设计可制造性、标准化以及计算机辅助设计/计算机辅助制造（CAD/CAM）实践作为过程，更具策略性导向，与企业内部的设计需求和工艺能力匹配，它促进了分散的创意、知识，以及信息的集成，并将其转化为新产品成功开发和投放市场的集体行动，进一步通过回归分析表明，内部集成对产品时间绩效和市场绩效具有积极影响。皮萨诺（Pisano，2010）提出不同技术知识来源的集成对集成创新绩效具有促进作用，认为内部集成就是企业将各种技术知识源结合起来产生新产品、新制造工艺的过程。弗莱克（Fleck，2012）认为，企业的技术导入过程必须与企业内部的技术资源及其他各方面的综合能力相结合，其技术集成是内部研发与外部技术吸收的交互作用。

企业利用更好的内部集成能够识别、组合和协调恰当的内部资源来提高产品绩效，这有益于产品开发。内部集成难以模仿，因为它被嵌入到企业员工相互作用的习惯之中。凯尼斯·卡恩（Kenneth Kahn，2001）在探讨产品开发的组织和管理时，指出内部集成的必要性，即企业内部各个部门之间的知识集成使得产品的开发过程可以通过协作与相互影响而提高效率。不同职能部门集成对产品创新的频率产生积极的影响（Parthasarthy & Hammond，2002），来自不同内部部门的新颖创意是主要的创新源泉（Baldwin & Hanel，2003）。罗森茨维格（Rosenzweig，2003）研究显示，内部集成程度对企业新产品的资产回报率和收入比例具有直接和积极的影响。内部集成能够促进外部用户、供应商产品及工艺的集成，加速知识转移和提高产品创新和质量，有效的产品开发需要企业对内部和外部参与主体进行整合，内部集成和外部集成能够对产品创新和质量以及利润产生积极影响（Koufteros & Marcoulides，2005）。

赵建华和焦晗（2007）认为，企业在内外部资源集成过程中，不应该只关注"集成"本身，而应该通过集成逐渐了解和掌握产品全部技术特性，进而转化成企业自有的核心技术与核心能力，从根本上提高集成创新绩效。复杂的反馈技术及反复试错技术等技术的应用，提高了企业的试验能力，促进了复杂产品的集成开发（Thomke & Fujimoto，2000；Dosi & Grazzi，2006）。实际调研发现，在装备产品集成开发过程中，许多企业成立了由丰富的项目经验和研发经验的人员组成的集成团队，对不同模块间的集成进行大量反复的试验并通过与用户或生产部门互动获得反馈意见，然后针对试验中的错误，根据反馈意见解决产品设计中的问题，实现了单独的产品原型技术向批量生产的制造技术的转移，这时企业的试验能力在处理技术本身复杂性的问题上发挥了重要作用。系统集成能力是装备制造企业重要的技术能力，它包括产品建构知识、系统问题解决能力和有效集成内外部创新资源的能力，与设计能力、制造能力等互补能力相比，它需要在企业内部进行大量研发投入的基础上才能够形成。林旖旎（Lin Y，2014）认为产品创新的内部集成对应于概念开发阶段，外部集成对应于概念创造阶段，并指出集成或架构能力能够增加单项元件能力的绩效。

综上所述，本书认为装备产品集成创新过程中的内部集成是一种有价值的资源，目的在于通过集成不同职能部门人员的知识和技能来提高产品绩效，包括产品开发过程中跨部门互动和协调、沟通、信息共享、专业技能、知识基础、管理体系（程序、惯例、激励）以及试验能力等活动的集成。许多装备制造企业通过实施内部集成，使得企业在利用外部技术资源的同时，实现自主创新，为此，提出以下理论假设：

假设 4 - 10：内部集成对装备产品集成创新的绩效有正向影响。

### 4.3.5　理论假设小结

在综合已有国内外学者有关集成创新、复杂产品系统、市场知识能力、模块化与技术吸收能力等理论的基础上，并结合装备产品创新的特点，提出了装备产品开发项目集成创新过程中关键因素关系的概念模型，即通过市场知识能力、模块化、技术吸收及内部集成这四个方面来促进装备产品集成创新绩效的提高，在此基础上提出理论假设10 个，如表 4 - 1 所示。

表 4 - 1　　　　　　　　　　研究假设小结

| 假设 | 内容描述 |
| --- | --- |
| 假设 4 - 1 | 市场知识能力对装备产品集成创新绩效有正向的影响 |
| 假设 4 - 2 | 市场知识能力对内部集成程度有正向的影响 |
| 假设 4 - 3 | 市场知识能力通过中介变量内部集成对产品集成创新绩效产生间接影响 |
| 假设 4 - 4 | 模块化对装备产品集成创新绩效有正向的影响 |

| 假设 | 内容描述 |
|------|----------|
| 假设 4-5 | 模块化对内部集成程度有正向的影响 |
| 假设 4-6 | 模块化通过中介变量内部集成对产品集成创新绩效产生间接影响 |
| 假设 4-7 | 技术吸收对装备产品集成创新绩效有正向影响 |
| 假设 4-8 | 技术吸收对内部集成程度有正向影响 |
| 假设 4-9 | 技术吸收通过中介变量内部集成对产品集成创新绩效产生间接影响 |
| 假设 4-10 | 内部集成对装备产品集成创新的绩效有正向影响 |

在概念模型中，市场知识能力、模块化与技术吸收三个主要的外生变量被假定为内部集成和产品集成创新绩效的直接和间接影响变量。根据上一节的分析，本书提出市场知识能力与内部集成正相关，市场知识能力与产品集成创新绩效正相关，内部集成在市场知识能力与产品集成创新绩效之间发挥中介作用；模块化与内部集成正相关，模块化与产品集成创新绩效正相关，内部集成在模块化与产品集成创新绩效之间发挥中介作用；技术吸收与内部集成正相关，技术吸收与产品集成创新绩效正相关，内部集成在技术吸收与产品集成创新绩效之间发挥中介作用。

# 4.4 问卷及研究变量测量

## 4.4.1 问卷设计

问卷调查是实证研究的方法之一，通过书面形式，以严格设计的题目，面向研究对象收集资料和数据。这种方法需要明确研究目的，从而根据不同的研究目的和理论框架，决定问卷题目的总体安排、内容和量表的构成（辛自强，2017）。通过问卷调查，可以丰富和完善现有理论研究的理论内容和结构框架。本书的问卷内容来自理论基础、实证经验、逻辑推理与专家共识。

美国学者李克特（Likert）将量表开发的步骤，分为初始调查的设计、问卷开发和数据分析三个阶段，其他学者所倡导的量表开发理论也多以李克特的观点为基础，由于李克特的步骤层次结构清晰，因而在管理研究中得到了广泛应用。为此，本书问卷的测量题项采用李克特五级量表，由受访者在"1"（影响程度弱）到"5"（影响程度强）之间进行选择。采用五级量表的原因在于，随着量表分点数的增加，问卷可靠性逐渐增加，但当点数高于五级之后，问卷可靠性增加的比率就会减缓。在大多数情况下，五级量表是最可靠的，选项超过五级，一般人很难进行清晰的辨别。问卷设计的理论检验过程如图4-3所示。

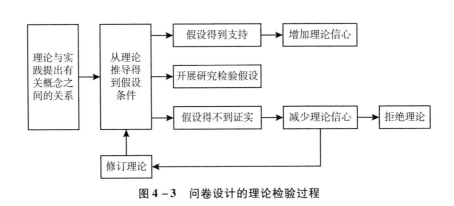

**图4-3 问卷设计的理论检验过程**

一份测量问卷的品质，除了要有较高的鉴别度以外，最重要的是要有信度和效度。在概念模型中，本书主要测量5个理论构念：市场知识能力、模块化、技术吸收、内部集成及集成创新绩效。为了保证测量工具的信度及效度，在创新绩效的操作性定义及测量方法上，本书尽量采用国内外权威期刊发表的实证论文中经常使用的成熟量表，同时考虑量表在概念、文化及样本方面的适用性，再根据研究目的加以修订，作为搜集实证资料的工具，确保了量表具有较高的信度和效度及认可度。在市场知识能力、模块化、技术吸收和内部集成等理论构念的操作性定义及测量方法上，主要采用国内外已发表的学术论文及相关成熟量表的题项，并根据本土创新情境对题项进行调整和扩充。

问卷题项形成过程的重要环节是通过对理论界相关专家学者及企业界部分企业高管和相关技术部门人员进行访谈，在清晰界定各测量变量含义的基础上，将具体的测量题项与研究变量相匹配。为此，在问卷正式确认与调研之前，笔者先对大连叉车有限责任公司、大连机床集团公司、大连机车车辆有限公司等企业的产品开发人员进行预测试，用以评估问卷设计的信度和效度，并根据预试者的意见对问卷设计及问卷题项含义、表现层级和形式等进行修订，以提高问卷测量的内容效度和结构效度。最后所形成的正式问卷，如附录 B 所示。

### 4.4.2　变量测量

根据图 4-2 概念模型，研究所涉及的测量变量大致可以分为三类：自变量 3 个，分别为市场知识能力、模块化、技术吸收；中介变量 1 个，即内部集成；因变量 1 个，即产品集成创新绩效。研究变量汇总如表 4-2 所示。

表 4 - 2　　　　　　　　　　　　研究变量汇总

| 变量类型 | 变量名称 |
| --- | --- |
| 自变量 | 市场知识能力、模块化、技术吸收 |
| 中介变量 | 内部集成 |
| 因变量 | 集成创新绩效 |

## 1. 自变量测量

（1）市场知识能力

装备产品与其他产业、产品关联度大，用户定制化程度高，用户需求因而成为产品开发能否成功的关键，这就要求装备制造企业深刻洞察市场和行业需求的变化、用户个性化需求。依据企业能力理论，企业是资源和能力的集合，企业之间资源的异质性或企业拥有的特殊能力是决定企业竞争优势的关键性因素。叶军等（2012）提出，市场知识能力是企业一种核心的组织能力。塔默·卡瓦斯基尔（Tamer Cavusgil，2021）认为，市场知识能力是市场知识创造和集成的过程，并指出企业与用户互动对新产品成功商业化有积极的影响。市场知识能力不仅强调通过特定的组织流程产生和集成市场知识，还应重视贮存于组织记忆中的那些产生和集成市场知识的技能和专门知识，以及相关的组织认知学习过程，从而能够正确地选择所需要的技术。

亚西卡亚等（Yalcinkaya G et al.，2007）指出市场知识能力是一个多维度、复杂的，与企业新产品和服务开发有关的组织动态能力，而市场知识作为企业的一种战略资源，是新产品开发的最重要源泉，对新产品开发起着显著的影响作用。普拉哈拉德和拉马斯瓦米（Prahalad & Ramaswamy，2010）指出，企业核心能力是获得持续竞争优势的关键，并认为市场知识能力是有关创造和集成市场知识的组织中累积性的知识。在此基础上，有的学者把市场知识能力分为顾客知识能力、竞争者知识能力和跨部门协作能力（Narver, Slater & Maclachlan, 2004；张省等, 2012）等。王鉴忠等（2015）指出，企业的顾客知识管理能力对新产品绩效有正向的影响。尚晓燕和王永贵（2015）提出，市场知识能力由顾客知识能力、竞争对手知识能力以及集成知识能力三个维度组成。本书在借鉴上述文献的基础上，并根据第3章的案例分析发现，得到市场知识能力的4个测量题项，如表4-3所示。

表 4 - 3　　　　　　　　　市场知识能力的测量题项

| 研究变量 | 编码 | 测量题项 | 文献基础 |
|---|---|---|---|
| 市场知识能力 | MK01 | 企业能够系统性地获取和分析用户及市场需求的信息 | Ye J et al. , 2012；Tamer Cavusgil, 2021；Claudy et al. , 2016；张省等, 2012；王鉴忠等, 2015；尚晓燕和王永贵, 2015 |
| | MK02 | 能够正确地选择新产品开发所需要的技术 | |
| | MK03 | 企业能够迅速感知市场和行业的变化 | |
| | MK04 | 企业能够了解行业内竞争者的技术、产品或服务的状况 | |

（2）模块化

模块化设计是解决复杂性的有效办法。为响应全球化的竞争，制造商需要灵活地应对产品多样性、产品定制化、产品研发周期的缩短以及快速变化的环境，而产品架构中的产品模块化内涵被广泛地看作是应对这些问题的战略决策（Tidd, 2010；Sanchez, 2010）。在产品建构过程中，企业通过识别需求确定产品概念创造和概念开发的方向，在此基础上确定产品系统层次划分与筛选的产品开发技术方案。梅丽莎·希林（Melissa Schilling, 2000）认为，一个系统是否需要进行模块化取决于系统的可分性、系统投入和需求的异质性，并且系统的协同专一性程度影响整个系统的可分性。产品模块化是描述产品系统中产品元件的分离性、异质性和可转移性的一个连续体。其重要意义在于，企业对新产品进行合理的模块分解以便集成各种技术资源有助于产品的顺利开发。

模块化涵盖了模块分解和模块集成过程，各模块间通过标准的界面结构按照一定的设计规则相互联系，从而集成更复杂的产品系统，并指出模块化的产品平台是一种有效地开发产品族的策略（Baldwin & Clark，2000；青木昌彦，2003；胡晓鹏，2007）。模块化生产（modular production）要求所设计、开发和生产的模块能产生最大组合或通用性，形成共有的技术平台，不仅实现大规模、标准化的高效率、高质量生产，还能满足用户的个性化要求。本书在参考上述文献的基础上，并根据装备产品特性进行适度调整，得到模块分解层级的多寡、模块界面是否清晰及模块之间技术集成方案的有效制定等5个测量题项，如表4-4所示。

表4-4　　　　　　　　　　　模块化的测量题项

| 研究变量 | 编码 | 测量题项 | 文献基础 |
|---|---|---|---|
| 模块化 | MC01 | 企业能够准确进行产品的系统功能分析与分解 | Simon，1962；Baldwin & Clark，1997；Schilling，2000；Langlois，2002；Sako，2003；青木昌彦，2004；胡晓鹏，2007 |
| | MC02 | 企业能够合理进行产品的模块化分解 | |
| | MC03 | 企业能够合理设计模块界面及接口程序 | |
| | MC04 | 企业能够有效制订各模块之间的系统集成方案 | |
| | MC05 | 企业建立了相应的产品技术平台 | |

（3）技术吸收

技术变革的加速与市场竞争的日益加剧，使得获取外部技术逐渐成为企业快速开发新产品的关键。莫维利和奥克斯利（Mowery & Oxley，2015）认为，企业吸收能力是一系列技能的集合，包括隐性知识转化为显性知识、将外部技术转化为内部所用等，并强调企业内部人力资本的重要，认为员工结构和水平决定企业吸收能力。金明洙（1998）则将学习能力看作企业技术吸收能力的核心，认为知识基础和学习的努力程度决定了企业技术吸收能力，进而影响企业的技术创新能力。扎哈拉和乔治（2002）从企业吸收能力的过程出发，将其划分为由获取知识、内化知识、转换知识和利用知识四个维度构成的动态能力，使得实证测量成为可能。吸收能力不仅强调外部知识对企业绩效和创新的重要性，而且提出内部信息沟通的通畅有助于推动企业绩效的提升和创新进行（Pil K & Cohen K，2006）。

范登伯希（Van den Bosch，1999）则强调了外部环境的作用，指出企业需要根据不同的知识环境，通过组织惯例与组合能力的共同演化来提升创新资源的配置水平，帮助企业识别和吸收外部知识。法布里齐奥（2009）指出，组织没有进行知识内化的努力，外部知识就难以有效地运用到新产品的开发中。许多研究指出吸收能力在提升产品绩效时的重要性和是组织间技术学习的基础（Veugelers & Casinman，1999；Lin & Tang et al.，2002；Mowery & Oxley，2015）。卢艳秋等（2021）指出，先验知识的存量与内涵、研发投入程度、学习强度与学习方法以及组织学习的机制等因素影响企业技术吸收能力的提升。本部分在借鉴上述文献的基础上，并结合第3章的案例分析和调研发现，形成以下4个测量题项，如表4-5所示。

表 4-5                          技术吸收的测量题项

| 研究变量 | 编码 | 测量题项 | 文献基础 |
|---|---|---|---|
| 技术吸收 | AC01 | 企业注重对外部获取新技术的学习 | Pil K & Cohen K, 2006; Mowery & Oxley, 2015; Lane & Lubatkin, 1998; Zahra & George, 2002; Fabrizio, 2009; 卢艳秋等, 2021 |
| | AC02 | 企业有专门的人员或部门来筛选所需要的技术 | |
| | AC03 | 具有丰富的先验知识, 能很快理解已获得的技术和信息 | |
| | AC04 | 企业形成了利用外部技术知识的程序 | |

### 2. 中介变量测量

（1）中介变量

为检验内部集成在市场知识能力、模块化及技术吸收与装备产品集成创新绩效间的中介效应, 借鉴温忠麟等（2005）的中介效应检验程序。中介效应意味着一个因果链——中介变量 $M$ 由自变量 $X$ 引起, 并影响了因变量 $Y$ 的变化。假设变量已经中心化或标准化, 可用图 4-4 所示的路径图和相应的方程描述变量之间的关系。

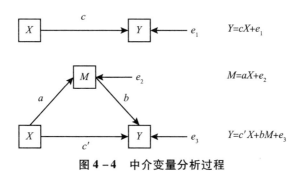

图 4-4　中介变量分析过程

检验需要依次通过三个回归方程进行分析。第一步, 因变量 $Y$ 对自变量 $X$ 进行回归, 如果系数 $c$ 显著不等于零, 继续检验, 否则放弃；第二步，中介变量 $M$ 对自变量 $X$ 进行回归，如果系数 $a$ 显著不等于零，继续检验，否则放弃；第三步，将 $X$ 和 $M$ 同时纳入方程进行回归检验，如果 $c'$ 不显著，或者显著降低，同时 $b$ 显著不等于零，结果表明 $X$ 对 $Y$ 的影响完全是由于 $M$（或主要由于 $M$）。如果 $c'$ 等于零，则 $M$ 就叫作完全中介变量；如果 $c'$ 显著，但小于 $c$，则 $M$ 就叫作部分中介变量；如果 $c'$ 不小于 $c$，$M$ 作为中介变量的假设不能成立。

（2）内部集成

为有效地实施产品开发，企业应该具有集成内部与外部相关能力和资源的商业流程。针对企业的内部集成，许多学者指出，只有企业能够有效地集成内部各个职能部门，如研发、营销及制造和采购，才能取得产品开发的成功（Sherman，Souder & Jenssen，2000；Kahn，2001）。这在很大程度上，是由于内部集成作为一种核心资源能够提高产品的竞争力，如降低价格、产品质量、交付及灵活性等方面。伊恩斯蒂（1997）从用户集成、外部集成和内部集成等角度对技术集成进行了分析，并将内部集成划分为跨职能部门集成和反复的问题解决，这与藤本隆弘（Fujimoto，2010）的研究是一致的。劳·安东尼奥等（2009）认为，内部集成是企业为提高产品绩效而集成内部不同职能部门的商业流程，特别是提高产品开发过程中的跨部门沟通、信息共享及合作和协调。乔治·佩特罗尼（Petroni G，2013）认为产品创新的内部集成对应于概念开发阶段，外部集成对应于概念创造阶段，并指出集成或架构能力能增加元件能力的绩效。

集成团队是企业为进行产品开发，集成各职能部门，共享信息、共同承担责任并完成目标而组成的团队（Van Der Vegt & Bunderson，2005），集成团队需要全程参与产品从概念产生到实物交付的整个过程。在产品集成创新过程中，企业成立具有丰富的项目经验和研究经验的"T"型人才组成的集成团队（Fujimoto，2010），进行大量反复的试验，并通过与用户交流获得反馈意见，解决产品开发中遇到的技术难题，从而能够产生新技术。布赖恩·利维（Brian Leavy，2020）认为企业先进的试验设备在处理技术复杂性的问题上发挥了重要作用。在借鉴上述文献的基础上，并结合第 3 章的案例分析以及调研发现，我们提出内部集成的 6 个测量题项，如表 4-6 所示。

表 4-6                          内部集成的测量题项

| 研究变量 | 编码 | 测量题项 | 文献基础 |
|---|---|---|---|
| 内部集成 | II01 | 根据项目需要建立了跨部门的集成团队 | Clark & Fujimoto，2010；West & Iansiti，2003；Clark，1996；Tripsas，2000；Woiceshyn & Daellenbach，2005；Dosi & Grazzi，2006；Brian Leavy，2020；赵建华和焦晗，2007；Antonio，Richard & Tang，2009 |
| | II02 | 公司具备充裕的"T"型人才，能满足技术创新的需求 | |
| | II03 | 集成团队与生产部门保持紧密的联系 | |
| | II04 | 技术带头（项目负责）人能够直接影响新产品的开发和生产过程 | |
| | II05 | 公司拥有先进的试验设备 | |
| | II06 | 在新产品开发过程中能够形成自有的核心技术 | |

### 3. 因变量测量

装备产品创新活动是一个复杂的系统工程，其阶段性、多样性以及层次性，决定了创新绩效评价指标体系的复杂性。由于产品绩效的评价标准并不是单一的，而是多重的，可以用多个维度、关联与重要性来测量与判断，不同学者由于所持观点的差异以及评估的角度不同，所采用的衡量方法和指标也不相同。由于新工艺和新服务难以通过定量指标进行评价，创新绩效测量主要聚焦于装备产品本身。库珀和克莱因施密特（2010）认为，可以用销售额、利润、盈利水平及投资回收期等经济指标衡量产品创新绩效。加斯曼和泽德维茨（Gassmann & Zedtwitz, 1999）认为复杂产品系统创新项目成功还应包括非财务因素，同时也站在项目的层面给出了三方面的衡量标准：新产品在技术上的竞争力、新产品在市场上的竞争力以及新产品在技术上的突破。

洛克和塔珀（Loch & Tapper, 2002）指出绩效管理在产品创新方面特别困难，这是因为：一是模糊性，经过努力可能得到不显著的效果；二是不确定性，项目成功可能是不明确的、非控制因素影响的；三是时间滞后性，只有经过一段时间后才能评价是否成功，或者为组织的其他单位带来成功。格里芬和佩奇（Griffin & Page, 2010）则认为成功的创新过程中有许多主观与客观的因素存在，不能一概而论。综合来看，创新绩效的评价指标可分为：第一，市场绩效，如市场占有率、销售增长率、盈利率等；第二，财务绩效，如成本、投资报酬率、投资回收期等；第三，技术绩效，如目标完成程度、效益成本比、与竞争者相比的成功程度等；第四，整体绩效，如企业高层对产品开发的整体满意度等；第五，社会责任绩效，如环境保护、福利增加等五部分构成。

装备产品的集成创新绩效主要体现在新产品开发是否成功、管理层是否满意等几个方面，因此，本书主要从市场绩效、技术绩效、整体绩效及社会责任绩效等角度，并采用主观的创新绩效指标进行评价。目前，由于我国制造业能耗和制造业产品能耗合计约占全国一次能耗的63%，单位产值能耗远高于国际先进水平，这使得制造业的可持续发展也面临着资源和环境的压力，为此，制造业必须往绿色制造方向发展，开发和制造环境友好的装备产品。本书在借鉴学者（Souder & Jenssen, 1999；Atuahene – Gima & Evangelista，2000；Jayachsndran & Bearden，2005；Luo，Slotegraaf & Pan，2006；Cooper & Kleinschmidt，2010；Montoya - Weiss & Calantone，2010）研究的基础上，并根据实际调研发现越来越多企业重视新装备产品的环境友好性，为此，设计了产品集成创新绩效的5个测量题项，如表4 - 7所示。

表4 - 7　　　　　　　　集成创新绩效的测量题项

| 研究变量 | 编码 | 测量题项 | 文献基础 |
|---|---|---|---|
| 创新绩效 | IP01 | 新产品用户满意程度很高 | Cooper & Kleinschmidt，2010；Montoya - Weiss & Calantone，2010；Souder & Jenssen，1999；Gaussmann & Von Zedtwitz，1999；Atuahene - Gima & Evangelista，2000；Jayachsndran & Bearden，2005；Luo，Slotegraaf et al.，2006 |
| | IP02 | 新产品具有较高的市场占有率 | |
| | IP03 | 开发新产品的速度比同行业类似产品快 | |
| | IP04 | 公司高层领导对新产品开发的整体绩效比较满意 | |
| | IP05 | 新产品的环境友好程度 | |

### 4.4.3　变量测量的修订与完善

为提高测量量表内容的精确性，在问卷设计中应保持设计过程的严谨性，同时需要注意以下几个方面的问题：

（1）问卷题项的设置应符合研究问题和研究假设的需要。

（2）依据文献阅读和与专家访谈等方式，预先设计研究变量之间的关系。

（3）根据预计采用的数据处理方法，来判断需要设立哪些题项，并作前期测试。

（4）问卷题项不能超出答卷者的专业知识和能力。

（5）用简单的语言设计问卷，问卷不宜过长。

（6）题目应尽量保持客观和中立的原则，避免使用诱导性回答的问题。

（7）避免使用双重意义的词句和问题。

（8）避免使用答卷者需要依赖记忆才能回答的问题。

（9）避免激发答卷者为满足社会期望值而答题的动机。

（10）为防止答卷者的草率和恶意回答，在测量量表中设计反向问题。

（11）通过小规模访谈方可确立正式问卷。

本书参考了以上关于问卷和量表设计所应遵循的基本原则，对上述初步设置的量表题项进行了必要的修正和完善。

接着，本书将初始量表制成问卷，向高校长期从事技术创新研究的老师和大连叉车公司、大连机车公司的技术研发部门的主管发放问卷进行前期测试，邀请他们对问卷和量表提出意见和建议，以检验测量量表语句及其相关问题。征询意见主要集中于以下七个方面的问题：（1）题项语句是否通俗易懂，易于理解？（2）题项是否明确、简洁？（3）题项是否符合企业实际？（4）题项是否偏离公认的道德标准和行为准则？（5）题项是否含有诱导性词句？（6）问题是否有双重意义？（7）题项数量是否过多？

同时，本书利用做课题的机会，深入企业进行现场发放和收集问卷，邀请答卷者现场参与答卷，现场解释和解答有关问卷的问题，听取他们对量表题项设计的具体意见和建议。在此基础上，对问卷的题量、题项的语句、用词以及假设，进行了必要的修订，以增加答题的区分度。

## 4.5 样本选择与数据收集

### 4.5.1 实证样本选择

数据的真实有效性是进行数理统计研究的前提和基础。本书采用问卷调查的方法收集实证数据，为尽可能获取到适合、相对充足且真实有效的样本量，主要选择了东北老工业基地装备制造企业中典型的装备产品开发项目为调研对象，所涉及的行业包括：通用设备制造、专用设备制造、交通运输设备制造、电气机械及器材制造及通信设备、计算机及其他电子设备制造等，具体行业分类可参照国家统计局颁布的 GBT4754 – 94 号文件《国民经济行业分类与代码》进行。

本书选择的分析单位是装备产品项目，其主要理由如下：

首先，本书对装备产品集成创新模式的研究是建立在企业自身能力基础之上的，它强调企业积极通过集成外部技术进行具体的产品开发，从而获取竞争优势。由于我国正处在工业化快速推进的时期，装备制造业对国民经济的发展具有战略意义，而通过利用外部技术资源，提升企业的技术平台水平，总结和提炼装备产品集成创新模式对于企业从事新产品开发同样具有重要的意义。选择装备产品开发项目作为实证研究的对象，比较适合探讨企业在通过获取外部技术来提升自身技术能力的过程中，从更细微之处研究产品集成创新过程中的模式和如何选择之间的问题。

其次，从集成外部技术的实际需要和可能性角度看，装备制造企业中的大多数产品具有明显 CoPS 的基本特征，对外部技术有比较大的需求，由于某些行业涉及的内部研发成本比较高，使得企业开发的新产品中外部技术占据了相当大的比例。所选择的装备产品开发项目以制定化方式进行制造，并涉及集成商、用户、模块供应商及其他利益相关单位。因此，选择装备产品作为集成创新的着眼点，适合本书的需要。

最后，被选取的装备产品项目所属企业，都建立了科学而有效的新产品开发流程，同时还拥有技术或研发部门，这些企业具有较为强大的研发能力，在产品项目运作方面有着比较丰富的经验。同时，我们选择的研究对象都是系统集成商已经成功商业化的装备产品开发项目。

基于以上分析，本书确定装备产品作为实证研究的对象，可以认为其具有典型性和代表性。

### 4.5.2　资料收集

数据收集是实证研究的关键所在，直接决定研究数据的有效性和可靠性。本书资料收集分为装备制造企业背景及产品开发项目相关资料的收集和实证研究样本的数据收集。

第一阶段为预研究阶段。在这一阶段主要完成两方面的工作：一是收集装备制造业背景资料，了解通用设备制造、专用设备制造、交通运输设备制造、电气机械及器材制造及通信设备、计算机及其他电子设备制造等行业的技术发展及基本企业分布状况，主要资料来源包括国家重大技术装备网、相关行业协会、企业网站、专业期刊以及与行业有关的新闻资料等。二是对企业正在进行的产品集成创新行为进行初步调研，以了解产品开发的实际情况，在资料收集的过程中，结合深入访谈，以便于建构实证研究的理论框架。

第二阶段的资料收集，采用访谈、产品现场观察，并借助问卷调查，收集实证模型所需要的样本数据。

### 4.5.3  问卷发放及回收

为保证填写人员对问卷项目有足够的了解和清晰的认识，本书所选择的答卷人要求是企业研发部门或者是技术部门中的项目经理、技术专家、项目团队中的骨干力量以及部分具有技术背景的高层管理人员，通过实地、现场发放并回收及直接访谈记录等多种方式，针对装备产品开发项目共发放问卷 250 份，最终回收有效问卷 194 份，有效问卷率为 80.6%。其中，问卷无效的主要原因是漏项较多、整列填写相同答案。

产品创新程度通常用来衡量产品的新颖性和技术动态性。我国装备制造业正处于技术追赶阶段，产品创新程度普遍低于发达国家；另外，装备产品的生命周期也比较长。因此，在借鉴奥斯陆手册（Oslo Manual，2005）的基础上，我们对产品创新程度的衡量分为四个等级，并针对收集的有效问卷，进行了分析，如表 4 - 8 所示。结果显示，45.0% 的产品是"国内市场首创"，只有 10.1% 是"已有产品的改进"。因此，样本的产品创新程度都是比较高的。

表 4 - 8　　　　　　　　　　装备产品创新程度

| 产品创新程度 | 分布频次 | 百分比（%） | 累计百分比（%） |
| --- | --- | --- | --- |
| 对市场而言，该产品是国内首创 | 87 | 45.0 | 45.0 |
| 对本企业而言，该产品是全新产品 | 54 | 27.9 | 72.9 |
| 该产品是现有产品线的延伸 | 33 | 17.0 | 89.9 |
| 该产品是已有产品的改进 | 20 | 10.1 | 100 |

本次调查问卷填写人员的职位分布情况如表4-9所示。从表中可以看出，填写问卷的人员中，研发（技术）中心主管有30位，占15.5%；项目经理有12位，占6.2%；研发（技术）中心高级工程师有30位，占15.5%；研发（技术）中心工程师有102位，占52.7%；未注明职务的为20人，占10.1%。本书旨在探讨装备产品集成创新的模式选择问题，希望答卷人员有一定的工作经验，对集成创新活动有一定程度的总体上的把握。从答卷人员的职位分布情况来看，达到研究预先的设计要求。

表4-9 问卷填写人员的职位分布

| 职位分布 | 分布频次 | 百分比（%） | 累计百分比（%） |
|---|---|---|---|
| 研发（技术）中心主管 | 30 | 15.5 | 15.5 |
| 项目经理 | 12 | 6.2 | 21.7 |
| 研发（技术）中心高级工程师 | 30 | 15.5 | 37.2 |
| 研发（技术）中心工程师 | 102 | 52.7 | 89.9 |
| 其他 | 20 | 10.1 | 100 |

在产品所属行业方面，专用设备制造所占比例比较大，占到总样本的33.7%；其次为交通运输设备制造和电气机械及器材制造分别占24.4%、16.3%；通信设备、计算机及其他电子设备制造与通用设备制造分别占14.0%、11.6%。这种样本分布与实证研究的样本选择有关，也基本反映了东北老工业基地的行业结构特征。研究样本的基本信息如表4-10所示。

表 4 – 10                          产品所属行业类别

| 行业类别 | 分布频次 | 百分比（%） | 累计百分比（%） |
|---|---|---|---|
| 通用设备制造业 | 23 | 11.6 | 11.6 |
| 专用设备制造业 | 66 | 33.7 | 45.3 |
| 交通运输设备制造业 | 47 | 24.4 | 69.7 |
| 电气机械及器材制造业 | 31 | 16.3 | 86.0 |
| 通信设备、计算机及其他电子设备制造业 | 27 | 14.0 | 100 |

在产品开发人员技术经验方面，填写问卷人员的项目开发经验、参与项目的次数和主持开发的项目次数如表 4 – 11 所示。

表 4 – 11                     项目团队及成员的描述性统计

| 产品开发经验 | | | 参与类似项目次数 | | | 主持项目的经验 | | |
|---|---|---|---|---|---|---|---|---|
| 3 年以下 | 42 | 21.6% | 3 次以下 | 41 | 20.9% | 3 次以下 | 84 | 43.4% |
| 3 ~ 5 年 | 56 | 28.7% | 3 ~ 5 次 | 51 | 26.4% | 3 ~ 5 次 | 50 | 26.4% |
| 5 ~ 10 年 | 51 | 26.4% | 5 ~ 10 次 | 46 | 24.0% | 5 ~ 10 次 | 42 | 21.7% |
| 10 ~ 15 年 | 21 | 10.9% | 10 ~ 15 次 | 20 | 10.1% | 10 ~ 15 次 | 6 | 2.3% |
| 15 年以上 | 24 | 12.4% | 15 次以上 | 36 | 18.6% | 15 次以上 | 12 | 6.2% |

以上分析结果表明，本次调研所访谈的人员普遍具有丰富的产品开发经验，而问卷填写人员也都具有一定的主持产品开发经验，这保证了所获取数据的真实性和可靠性，数据效度是内部效度的一个重要方面，可见，本书具有较高的内部效度。

### 4.5.4　分析方法

本书在问卷回收后，运用目前流行的 SPSS 25.0 社会统计分析软件对所收集数据资料的质量进行定量分析及研究假设的检验，具体分析方法包括如下内容：

首先，运用描述性统计分析来描述各研究变量的基本情况。在本书中，针对市场知识能力、模块化、技术吸收、内部集成、产品集成创新绩效等研究构念，运用平均值、标准差等来描述研究样本的基本情况，并进行分析。

其次，对调研数据的分析，采用探索性因子分析、内部一致性检验和项目总体相关系数方法，对问卷题项的信度和效度进行讨论。

最后，采用相关分析、回归分析等方法，对研究变量、研究构念及其因素之间相互关系进行探索。

## 4.6 样本数据的质量分析

在研究设计部分，给出了每个变量的测量题项。其中，许多变量的测量题项是在已有研究工作的基础上作了改动。信度与效度是评估测量量表有效性的两项重要指标，两者在概念与内容上均有显著的不同，但在实际测量中却难以分开。因此，需要对量表的可信性和有效性进行检验。对回收的数据，首先对测量题项进行描述性统计分析，然后运用项目 – 总体相关系数、克隆巴赫（Cronbach's α）系数以及探索性因子分析对所有测量题项的信度和效度进行分析。

### 4.6.1 样本数据描述

对研究样本的基本特征分析，采用描述性统计分析的方法，计算样本中各项因素测量题项的均值、最小值、最大值以及标准差，从而了解不同装备产品在各因素上的平均表现，如表4-12所示。

表4-12 样本数据描述

| 题项编码 | 均值 | 最小值 | 最大值 | 标准差 | 题项编码 | 均值 | 最小值 | 最大值 | 标准差 |
|---|---|---|---|---|---|---|---|---|---|
| MK01 | 3.82 | 2.00 | 5.00 | 0.948 | AC04 | 3.15 | 1.00 | 5.00 | 1.328 |
| MK02 | 3.99 | 1.00 | 5.00 | 0.923 | II01 | 3.18 | 1.00 | 5.00 | 1.549 |
| MK03 | 3.81 | 2.00 | 5.00 | 0.964 | II02 | 2.87 | 1.00 | 5.00 | 1.150 |
| MK04 | 3.72 | 1.00 | 5.00 | 0.999 | II03 | 3.31 | 1.00 | 5.00 | 1.174 |
| MC01 | 3.85 | 1.00 | 5.00 | 0.948 | II04 | 3.89 | 1.00 | 5.00 | 1.122 |
| MC02 | 3.69 | 1.00 | 5.00 | 1.221 | II05 | 4.21 | 1.00 | 5.00 | 1.017 |
| MC03 | 3.48 | 1.00 | 5.00 | 1.226 | II06 | 3.81 | 1.00 | 5.00 | 1.224 |
| MC04 | 3.57 | 1.00 | 5.00 | 1.195 | IP01 | 4.13 | 2.00 | 5.00 | 0.894 |
| MC05 | 3.60 | 1.00 | 5.00 | 1.175 | IP02 | 3.94 | 2.00 | 5.00 | 0.981 |
| AC01 | 3.78 | 1.00 | 5.00 | 1.053 | IP03 | 3.83 | 1.00 | 5.00 | 1.025 |
| AC02 | 3.09 | 1.00 | 5.00 | 1.231 | IP04 | 3.82 | 1.00 | 5.00 | 0.899 |
| AC03 | 3.72 | 1.00 | 5.00 | 1.076 | IP05 | 3.87 | 1.00 | 5.00 | 0.944 |

## 4.6.2 信度分析

样本数据的信度（reliability）主要是指论证方法和数据的可靠性，它是用来评价测量同一构念下的各组题项之间的一致性。一般情况下，采用"稳定性"（stability）、"等值性"（equivalence）和"内部一致性"（internal consistency）三个指标，估计测量误差对整体测验的影响（Shook，Ketchen & Hult，2004），其具体计算通过SPSS 25.0中的Reliability程序。具体评价指标采用Cronbach α系数。一般来说，在基础研究中，信度至少达到0.80才可接受；在探索性研究中，信度只要达到 0.70 就可以接受。也有学者认为 Cronbach α 系数介于 0.35 ~ 0.7 之间时，属于尚可接受的标准，而当 α 小于 0.35 就必须予以拒绝。另外，在实践界中，如果 Cronbach α 系数达到 0.6 就可以接受。

根据样本数据，计算得到 5 个变量的信度 Cronbach α 系数如表 4 - 13 所示。

表 4 - 13                     变量信度 alpha 检验

| 变量 | 测量题项数目 | 信度系数（Cronbach's α） |
|---|---|---|
| 市场知识能力 | 4 | 0.813 |
| 模块化 | 5 | 0.927 |
| 技术吸收 | 4 | 0.844 |
| 内部集成 | 6 | 0.871 |
| 集成创新绩效 | 5 | 0.822 |

从表 4 - 13 可以看出，涉及的 5 个潜变量，信度 Cronbach α 系数介于 0.813 ~ 0.927 之间，每个变量的信度系数均在 0.7 以上，都具有相当高的信度值。因此，根据已有文献的评价标准，本次调研获取的样本数据，其信度是可以接受的，这说明调查数据具有很高程度的稳定性和一致性。

### 4.6.3 效度分析

测量效度即测量的正确性，是指实际测量值反映所要测量特征的能力或程度。效度评价的指标主要有两个：构念效度（construct validity）和内容效度（content validity）。构念效度是指构念的定义与测量之间的一致程度，它一般主要针对收敛效度（convergent validity）和区分效度（discriminant validity）进行评价（Schaufeli，Bakker & Rhenen，2020）。伯克·麦肯齐和波扎克夫（Burke Mackenzie & Podsakoff，2013）认为，内容效度是指测验内容在多大程度上反映或代表了研究者所要测量的构念。

## 1. 收敛效度分析

收敛效度是指通过不同方法测量同一构念时，所观测到的数值之间应该高度相关。主要通过计算项目 – 总体相关系数（corrected item-total correlation，CITC）来检验每个测量题项是否与其所在维度相关和这种相关性是否具有理论意义，并依据 CITC 值不能低于 0.5 的标准进行评估（Bock & Kim，2002），通过剔除测量题项的多因子，提高测量题项的解释能力。运用 SPSS 25.0 统计软件计算得到样本数据的每一个测量题项的 CITC 值，如表 4 – 14 所示。

表 4 – 14　　　　　　　　样本收敛效度分析结果

| 题项编码 | CITC 值 | 评价 | 题项编码 | CITC 值 | 评价 |
|---|---|---|---|---|---|
| MK01 | 0.707 | 合理 | MC04 | 0.804 | 合理 |
| MK02 | 0.594 | 合理 | MC05 | 0.847 | 合理 |
| MK03 | 0.583 | 合理 | TAC01 | 0.585 | 合理 |
| MK04 | 0.647 | 合理 | TAC02 | 0.738 | 合理 |
| MC01 | 0.765 | 合理 | TAC03 | 0.681 | 合理 |
| MC02 | 0.831 | 合理 | TAC04 | 0.733 | 合理 |
| MC03 | 0.818 | 合理 | II01 | 0.604 | 合理 |

续表

| 题项编码 | CITC 值 | 评价 | 题项编码 | CITC 值 | 评价 |
|---|---|---|---|---|---|
| II02 | 0.787 | 合理 | IP01 | 0.624 | 合理 |
| II03 | 0.676 | 合理 | IP02 | 0.605 | 合理 |
| II04 | 0.687 | 合理 | IP03 | 0.634 | 合理 |
| II05 | 0.677 | 合理 | IP04 | 0.713 | 合理 |
| II06 | 0.664 | 合理 | IP05 | 0.511 | 合理 |

从分析结果来看，每个测量题项的 CITC 值均在 0.5 以上，因此根据收敛效度的评价准则，本书样本中每个测量题项具有良好的收敛效度，符合研究的要求。

## 2. 区分效度分析

区分效度是指应用不同方法测量不同构念时，所观测到的数值之间的差异化程度。而因子分析是通过研究众多变量之间的内部依赖关系，探求观测数据中的基本结构，并用少数"类别"变量来表示基本的数据结构，其主要目的是将众多观测变量浓缩为少数几个因子。通常，经常采用探索性因子分析（explorative factor analysis，EFA），进行测量数据的单维度性和各个变量测量题项的差异性分析。本书运用 EFA，主要通过主成分分析法（principal component methods），采用最大方差法（varimax）进行分析，并采用特征值（eigenvalue）大于 1 的标准选择因子个数。

根据马庆国（2002）关于探索性因子分析要求，首先对整体量表进行 KMO 样本充足度测度（Kaiser - Meyer - Olkin measure of sampling adequacy）和巴特莱特球体检验（Bartlett test of sphericity），以验证样

本数据是否适合作因子分析，从而提高不同变量测量题项的区分效度。一般认为，当 KMO 值在 0.9 以上，表明非常适合进行因子分析，当 KMO 值介于 0.8 ~ 0.9，很适合；介于 0.7 ~ 0.8 时，适合；介于 0.6 ~ 0.7 时，很勉强；介于 0.5 ~ 0.6，不太适合；小于 0.5 时，不适合做因子分析。当巴特莱特统计值的显著性概率小于 0.01 时，可以进行因子分析。根据收敛效度分析结果，对研究变量中的所有题项进行 KMO 和巴特莱特球形检验，其计算结果如表 4 – 15 所示。

表 4 –15　　　　　　样本数据 KMO 和巴特莱特球形检验结果

| 检验方法 | | 检验结果 |
| --- | --- | --- |
| Kaiser – Meyer – Olkin 检验 | | 0.912 |
| 巴特莱特球形检验 | 近似卡方值 | 1977.830 |
| | 自由度（df） | 378.000 |
| | 显著性概率（Sig.） | 0.000 |

由表 4 – 15 可知，KMO 值为 0.912；巴特莱特球形检验的结果，该值检验相关阵是否是单位阵，即各变量是否相互独立，表中结果显示，近似卡方值为 1977.830，自由度 378.000，检验的显著性概率为 0 代表母群体的相关矩阵间有共同因素存在。因此，根据因子分析的标准，本次调研所得的样本数据非常适合进行因子分析。

进行探索性因子分析时，首先要对理论论述中的每个变量进行单维度性测量。内博伊沙和戴维克（Nebojsa & Davcik，2014）认为，单维度的检验每个理论构念是一个必要条件。为了确保测量的单维度性，还需要对每个变量分别进行因子分析，为此，将某个变量的所有题项进行因子分析，具体结果如表 4 – 16 所示。

表4-16　　　　　　　　　　变量的单维度检验

| 变量 | 因子数 | 解释比例 | KMO | 巴特莱特 $\chi^2$ |
|------|--------|----------|-----|-------------------|
| KM | 1 | 0.719 | 0.790 | 114.158 |
| MC | 1 | 0.823 | 0.884 | 338.471 |
| TA | 1 | 0.754 | 0.774 | 147.993 |
| II | 1 | 0.689 | 0.802 | 268.528 |
| IP | 1 | 0.657 | 0.736 | 166.872 |

　　结果表明，所有的单维度变量都生成了一个因子，并且因子提取的信息量均超过了60%，同时KMO值和巴特莱特球形检验均达到相应要求，很好地对应了前面的理论论述，说明我们将理论模型中的各变量当作单维度概念的做法是合理的。

　　针对检验各个变量之间差异性进行探索性因子分析。原则上，应该把所有变量的测量题项一起加入因子分析中，若模型中变量数量非常多，根据萨迪卡伊等（Sadikaj, Wright & Dunkley, 2021）的建议，可以将模型中的变量分成几组分别进行因子分析。为了更好地验证所研究的各个变量的区分效度，本书将所有的变量作为一组一并纳入探索性因子分析中。在对不同变量进行具体的因子分析中，通过SPSS 25.0中的Factor程序，采用主成分分析法，以特征值大于1为选取因子标准，并采用方差最大旋转法，得到不同题项对应的因子载荷系数，分析结果如表4-17所示。

表4-17　　　　　　　　所有变量的探索性因子分析

| 测量题项 | 因子 | | | | |
|----------|------|------|------|------|------|
| | 1 | 2 | 3 | 4 | 5 |
| KM01 | | | 0.611 | | |
| KM02 | | | 0.597 | | |

| 测量题项 | 因子 | | | | |
|---|---|---|---|---|---|
| | 1 | 2 | 3 | 4 | 5 |
| KM04 | | | 0.745 | | |
| MC01 | 0.619 | | | | |
| MC02 | 0.804 | | | | |
| MC03 | 0.800 | | | | |
| MC04 | 0.799 | | | | |
| MC05 | 0.788 | | | | |
| TA01 | | | | | 0.576 |
| TA02 | | | | | 0.663 |
| TA03 | | | | | 0.628 |
| TA04 | | | | | 0.645 |
| II01 | | | | 0.644 | |
| II03 | | | | 0.728 | |
| II04 | | | | 0.822 | |
| II05 | | | | 0.606 | |
| II06 | | | | 0.584 | |
| IP01 | | 0.606 | | | |
| IP02 | | 0.673 | | | |
| IP03 | | 0.716 | | | |
| IP04 | | 0.805 | | | |
| IP05 | | 0.631 | | | |

注：1. 提取方法：主成分分析法（Extraction Method：Principal Component Analysis）。

2. 旋转方法：最大方差法（Rotation Method：Varimax with Kaiser Normalization）。

3. 因子载荷小于 0.5 的删除，不在表中显示。

通过探索性因子分析，结果生成 5 个特征值大于 1 的因子，很好地对应了本书模型中的 5 个变量，并且 KMO 的值为 0.912，远大于上述 0.7 的标准。另外，每个题项在其假设的因子上都具有较高的系数，而在其他因子上的系数较低，能够很好地区分不同维度的测量。以上分析说明，本书的各个变量维度之间具有很好的区分效度。

 ## 4.7 研究假设的检验结果

在前述变量度量和量表检验中，运用 SPSS 25.0 分析软件进行探索性因子分析、项目－总体相关分析及可靠性分析后，在理论模型和假设验证中将通过相关性分析、回归分析对装备制造业产品集成创新的效果及其影响因素之间的关系进行统计检验，识别关键影响因素，从而为第5章的模式演化选择研究提供分析基础。

本部分的检验分析，有利于增强研究结论的内部和外部效度，同时为进一步的研究假设的实证检验提供基础，以探索其对产品集成创新绩效的影响程度。本书使用的变量，均是不可直接观测的潜变量，为此，首先采用均值法直接对5个潜变量进行赋值，包括3个自变量、1个中介变量和1个因变量。赋值后的各个研究变量的描述性统计分析如表4-18所示。

表 4-18　　　　　　　　潜变量的描述性统计分析

| 变量名称 | 样本量 | 最小值 | 最大值 | 均值 | 标准差 |
| --- | --- | --- | --- | --- | --- |
| 市场知识能力 | 194 | 1.50 | 5.00 | 3.814 | 0.9188 |
| 模块化 | 194 | 1.00 | 5.00 | 3.638 | 1.1530 |
| 技术吸收 | 194 | 1.00 | 5.00 | 3.433 | 1.1718 |
| 内部集成 | 194 | 1.00 | 5.00 | 3.742 | 1.3672 |
| 集成创新绩效 | 194 | 1.40 | 5.00 | 3.919 | 0.9487 |

## 4.7.1 相关分析

相关性分析是对假设的初步检验，其目的在于检验两个随机变量共同变化的程度。为了探讨各个变量之间的密切程度，有必要采用皮尔逊（Pearson）相关分析方法，对研究模型中的各个变量进行相关性检验。为此，运用统计软件 SPSS 25.0 进行分析，其检验变量之间的相关系数及其显著性指标如表 4 - 19 所示。数据表明，产品集成创新绩效与市场知识能力、模块化及技术吸收因素之间，均存在着显著的正相关性。内部集成与市场知识能力、模块化及技术吸收因素之间，均存在着显著的正相关性。内部集成与产品集成创新绩效之间也存在着正相关性。因此，原始假设得到了初步验证。

表 4 - 19　　　　　　　　研究变量的皮尔逊相关分析检验

| 变量 | 均值 | 标准差 | 信度 α | 市场知识能力 | 模块化 | 技术吸收 | 内部集成 | 创新绩效 |
|---|---|---|---|---|---|---|---|---|
| 市场知识能力 | 3.814 | 0.9188 | 0.813 | 1 | | | | |
| 模块化 | 3.638 | 1.1530 | 0.927 | 0.515 ** | 1 | | | |
| 技术吸收 | 3.433 | 1.1718 | 0.844 | 0.665 ** | 0.689 ** | 1 | | |
| 内部集成 | 3.742 | 1.3672 | 0.871 | 0.612 ** | 0.573 ** | 0.642 ** | 1 | |
| 创新绩效 | 3.919 | 0.9487 | 0.822 | 0.497 ** | 0.398 ** | 0.412 ** | 0.453 ** | 1 |

注：1. 信度 α 为组合信度。
　　2. 双尾检验，其中 * $p < 0.05$，** $p < 0.01$。

需要指出的是，基于相关分析的假设检验统计显著并不意味着当它们同时接受检验时仍然会显著，因此，本书将在下文对它们进行回归分析的检验。

## 4.7.2 回归分析

回归分析方法适应于单因变量多自变量的分析。回归分析的目的主要有两个：第一，说明内生变量被解释的程度，以及各前因变量对内生变量的贡献；第二，检验模型的多重共线性问题。尽管上述因子分析和相关分析检验了各个变量的区别有效性，但是不能给出各个变量之间的潜在关系。

### 1. 市场知识能力和内部集成与产品集成创新绩效的关系

市场知识能力、内部集成和产品集成创新绩效之间的关系模型，如表4-20所示，在步骤一和步骤二中，市场知识能力的系数均通过了显著性检验，在步骤三中内部集成的系数也通过了显著性检验，而且，市场知识能力的系数从步骤一中的0.603减小到步骤三中的0.418，根据中介效应理论，这表明内部集成在市场知识能力和产品集成创新绩效之间发挥部分中介作用；通过计算，模型的解释能力上升了18.5%。

表4-20 市场知识能力和内部集成对创新绩效的回归结果

| 分析步骤 | 因变量 | 自变量 | Beta值 | t值 | F值 | 调整 $R^2$ | DW | VIF |
|---|---|---|---|---|---|---|---|---|
| 第一步 | 创新绩效 | 市场知识能力 | 0.603 | 7.047*** | 49.666*** | 0.395 | 1.925 | 1.176 |
| 第二步 | 内部集成 | 市场知识能力 | 0.725 | 9.830*** | 96.617*** | 0.551 | 2.097 | 1.412 |
| 第三步 | 创新绩效 | 市场知识能力 | 0.418 | 3.221*** | 32.952*** | 0.431 | 1.962 | 2.341 |
| | | 内部集成 | 0.294 | 2.433** | | | | |

注：*** 表示显著水平 $p < 0.01$（双尾检验）；** 表示显著水平 $p < 0.05$（双尾检验）；* 表示显著水平 $p < 0.1$（双尾检验）。

模型的多重共线性和序列相关问题。从表 4 - 20 中可以看出，在纳入市场知识能力影响因素所得到的回归模型中，VIF 值均在 0 到 10 之间，不存在多重共线性问题；DW 值均在 1.5 到 2.5 之间，模型也不存在自相关问题，从而结果验证了以下研究假设：

假设 4 - 1：市场知识能力与产品集成创新绩效正相关，即市场知识能力越强，产品集成创新绩效越好，反之，创新绩效则越差。

假设 4 - 2：市场知识能力与内部集成正相关，即市场知识能力越强，内部集成效果越好，反之，内部集成效果越差。

假设 4 - 3：内部集成在市场知识能力对产品集成创新绩效的正向影响过程发挥中介作用，即市场知识能力通过推动内部集成的成长，提高产品集成创新绩效。

## 2. 产品模块化和内部集成与产品集成创新绩效的关系

产品模块化、内部集成和产品集成创新绩效之间的关系模型，如表 4 - 21 所示，在步骤一和步骤二中，产品模块化系数均通过了显著性检验，步骤三中内部集成系数也通过了显著性检验，而且，产品模块化的系数从步骤一中的 0.542 减小到步骤三中的 0.273，但由于系数检验不显著，根据中介效应的分析方法，这表明内部集成在模块化和产品集成创新绩效之间发挥着主要的中介作用。

表 4 - 21　　　模块化和内部集成对产品创新绩效的回归结果

| 分析步骤 | 因变量 | 自变量 | Beta 值 | t 值 | F 值 | 调整 $R^2$ | DW | VIF |
|---|---|---|---|---|---|---|---|---|
| 第一步 | 创新绩效 | 模块化 | 0.542 | 6.013 *** | 36.152 *** | 0.485 | 1.952 | 1.349 |
| 第二步 | 内部集成 | 模块化 | 0.693 | 8.974 *** | 80.541 *** | 0.529 | 2.113 | 1.643 |

续表

| 分析步骤 | 因变量 | 自变量 | Beta 值 | t 值 | F 值 | 调整 $R^2$ | DW | VIF |
|---|---|---|---|---|---|---|---|---|
| 第三步 | 创新绩效 | 模块化 | 0.273 | 1.846 | 25.402 *** | 0.364 | 2.047 | 2.150 |
| | | 内部集成 | 0.426 | 3.418 *** | | | | |

注：*** 表示显著水平 $p < 0.01$（双尾检验）；** 表示显著水平 $p < 0.05$（双尾检验）；* 表示显著水平 $p < 0.1$（双尾检验）。

模型的多重共线性和序列相关问题。从表 4 – 21 中可以看出，在纳入模块化影响因素所得到的回归模型中，VIF 值均在 0 到 10 之间，不存在多重共线性问题；DW 值均在 1.5 到 2.5 之间，模型也不存在自相关问题，从而结果验证了以下研究假设：

假设 4 – 4：产品模块化与产品集成创新绩效正相关，即模块化越高，产品集成创新绩效越好，反之，产品集成创新绩效越差。

假设 4 – 5：产品模块化与内部集成正相关，即产品模块化越高，内部集成效果越好，反之，内部集成效果越差。

假设 4 – 6：内部集成在模块化对产品集成创新绩效的正向影响过程发挥主要中介作用，即模块化通过推动内部集成的成长，提高产品集成创新绩效。

### 3. 技术吸收和内部集成与产品集成创新绩效的关系

技术吸收、内部集成和产品集成创新绩效之间的关系模型，如表 4 – 22 所示，在步骤一和步骤二中，技术吸收的系数均通过了显著性检验，步骤三中内部集成系数也通过了显著性检验，而且，技术吸收的系数从步骤一中的 0.553 减小到步骤三中的 0.286，但由于系数检验不显著，根据中介效应的分析方法，这表明内部集成在技术吸收和产品集成创新绩效之间发挥着主要的中介作用。

表 4 – 22　　　　　技术吸收和内部集成对创新绩效的回归结果

| 分析步骤 | 因变量 | 自变量 | Beta 值 | t 值 | F 值 | 调整 $R^2$ | DW | VIF |
|---|---|---|---|---|---|---|---|---|
| 第一步 | 创新绩效 | 技术吸收 | 0.553 | 6.198*** | 38.410*** | 0.498 | 1.957 | 1.161 |
| 第二步 | 内部集成 | 技术吸收 | 0.723 | 9.757*** | 95.193*** | 0.575 | 2.103 | 1.097 |
| 第三步 | 创新绩效 | 技术吸收 | 0.286 | 2.312 | 25.429*** | 0.433 | 1.908 | 2.381 |
| | | 内部集成 | 0.379 | 2.990*** | | | | |

注：***表示显著水平 p < 0.01（双尾检验）；**表示显著水平 p < 0.05（双尾检验）；*表示显著水平 p < 0.1（双尾检验）。

模型的多重共线性和序列相关问题。从表 4.22 中可以看出，在纳入技术吸收影响因素所得到回归模型中，VIF 值均在 0 到 10 之间，不存在多重共线性问题；DW 值均在 1.5 到 2.5 之间，模型也不存在自相关问题，从而结果验证了以下研究假设：

假设 4 – 7：技术吸收与产品集成创新绩效正相关，即技术吸收越好，产品集成创新绩效越高，反之，产品集成创新绩效越差。

假设 4 – 8：技术吸收与内部集成正相关，即技术吸收有利于内部集成的提高，反之，内部集成效果越差。

假设 4 – 9：内部集成在技术吸收对产品集成创新绩效的正向影响过程发挥主要中介作用，即技术吸收通过推动内部集成的成长，提高产品集成创新绩效。

同时结果也验证了假设 4 – 10，即内部集成与产品集成创新绩效正相关。

## 4.7.3　结果及讨论

### 1. 市场知识能力对产品集成创新绩效的直接影响

市场知识能力与装备产品集成创新绩效正相关。研究结果说明市场知识能力对产品集成创新绩效有着较为直接的、正向的影响，这与许多学者（Li & Cavusgil，2000；De Luca & Atuahene – Gima K，2007；Tamer Cavusgil，2021）所得到的结论相同。调研发现，许多企业的产品创新已经从传统的企业独立创新开始向开放式创新转变，表现在与外部组织、资源合作形成产品创新网络以分散创新的风险并提高创新的效率等方面。装备制造企业通过市场知识能力，有效地获取了与用户有关的知识，如用户关于产品的基本知识、用户需求、用户感知知识以及用户创意等，实现产品设计过程中用户知识共享和重用。

市场知识能力是企业跟踪、观察、寻求和获取外部先进技术信息的能力，其主要是对现有技术市场知识的动态搜寻和集成，促使组织员工通过理解目前的市场信息来构建未来市场愿景（许庆瑞，2010）。在外部不确定环境中对市场知识和用户基础及新兴技术知识的集成能够提高产品开发项目的绩效。用户市场知识的集成扎根于允许企业预测用户需求的惯例和机制中，它能够促使企业员工解释目前的市场信息和建立未来市场的愿景。而且，市场愿景能够转变成详细的目标产品和在企业内部实施。企业的市场能力基础必须经常更新才能够推动产品的成功开发，并与未来用户的期望匹配。在 CRS450Z5 集装箱正面吊运机产品开发过程中，产品概念创建者需要构想用户在购买决策中所涉及的环境作用。装备制造企业需要决定哪些细节对用户满意很关键，特别是在产业细分市场。另外，企业也不得不概念化某些细节变化会如何影响正面吊运机的整体设计和自身现有的能力基础。

在装备产品概念产生阶段，企业会远离内部的产品建构活动来响应外部变化，从而频繁地跨边界对外部环境中用户和竞争者的市场知识进行集成管理。市场知识能力不仅仅是用户、市场导向或者用户驱动，它意味着企业与市场（用户需求会影响企业能力，以及能力基础会影响用户需求）相互适应，以及企业与用户之间彼此学习。唐

（1998）认为，在产品创新过程中有必要将组织内部和外部的技术资源进行有效集成。由于不同使用环境的影响以及新的工业领域与基础技术的不断涌现，使得对装备产品的需求呈现出多样化和复杂化的趋势。这促使企业在产品的创新过程中集成外部合适的技术，若技术的选择不适宜，则将会延迟产品开发时间，致使新产品不符合迅速变化市场及用户需求。在行业技术范式的分类中，马尔西利（Marsili，2002）认为用户所掌握的行业知识对企业的创新活动非常重要，这些知识决定了产品的主要功能特性和未来发展方向。市场知识能力则为企业正确选择适宜的技术进行新装备产品的前期开发提供了能力基础。

在技术的不确定性、高风险性以及更新速度日益加快的产品创新时代，迅速有效地获取适宜的技术资源和感知市场需求和行业的变化，这都依赖于装备制造企业的市场知识能力。亨德森和克拉克（Henderson & Clark，1990）指出，企业在产品开发过程中，需要对外部知识、内部信息、员工、团队及职能部门进行集成，而内外部知识的沟通和融合的管理对产品的创新绩效产生影响。同时，由于内外部技术知识的流动性和外溢性，很容易使得装备制造企业发展滞后，为此，持续产品集成创新的开展，需要企业正确地选择技术和了解竞争对手的产品及市场位置，才能不断地创造和植入新领域的知识。市场知识能力使得企业在装备产品开发中，能够洞察市场特征，有益于新产品的接受，尤其是用户市场知识的感知。例如 CHD25 车铣复合加工中心产品实质是一种技术装备，其功能特性取决于用户对制造产品的工具需求，产品的研发动力主要来自下游产业的需求拉动。因此企业需要建立与用户之间的长效信息沟通机制，从而深入了解用户所掌握的行业知识，必要时还要与用户合作进行产品开发工作，才能确保市场知识的成功获取。由于企业在新产品功能设计等方面依赖于不同渠道的市场知识，因此，必须要有一套有效的知识产权保护机制来协调市场知识的获取。企业通过与不同组织主体的信息交流与合作，能够更加清晰地掌握产品应用领域的知识，从而提升新产品开发能力。

市场知识能力能够对企业响应不确定市场的能力产生重要影响，并且提升了企业满足一个演化的用户基础所期望的新产品设计能力。在市场驱动的能力分析中，乔治·戴（2020）提出市场知识能力是将新产品开发连接到外部市场环境的由外向内的一种能力，是企业捕捉产品技术信息的有效手段，能够显著地提升新产品开发的优势。卢卡和蓊吉马（De Luca & Atuahene – Gima, 2007）指出，市场知识能力形成的产品开发优势对产品的市场绩效有积极影响。研究发现，中国装备制造企业对市场和行业变化的感知具有较低的灵敏性。这主要是由于本土企业处在技术追赶时期，装备制造企业开展技术创新活动需要不断从外部获取人才、技术和资金等各种创新资源。访谈中，许多装备制造企业管理人员指出，高素质的技术研发和创新管理人才已经是最关键的投入要素。然而由于技术复杂程度提高、知识型人才流动加快等原因，一家企业很难囊括新技术或新产品开发所需要的全部专业人才，使得企业对外部环境技术的变化难以进行有效的动态监测，尽管越来越多的企业开始邀请外部创新人才合作开发新产品，但是效果不明显。因此，开放、灵活的组织结构、有吸引力的人才引进、培养和激励机制的重要性开始凸显，同时在合作研发的过程中实现内、外部创新人才的目标统一与协调配合，才能更好地提高企业感知和捕捉市场知识的灵敏度。总之，装备产品具有技术复杂、用户定制的特点决定了大量获取市场知识的重要性，它需要对一些重要的市场知识进行深入挖掘和利用，市场知识能力越强，表明企业将用户、竞争者以及外部技术发展趋势等各种市场知识直接应用到新产品开发的能力越强，能够有效地提高产品创新绩效。

## 2. 模块化对产品集成创新绩效的直接影响

模块化与产品集成创新绩效正相关。这与学者（Baldwin & Clark，2000；Ethiraj & Levinthal，2004；Lau Antonio，2009）研究结论一致，研究结果指出产品模块化对产品绩效有着较为间接的、正向的影响。这个研究结果表明，传统的模块化理论一样对于装备产品创新适用。如鲍德温和克拉克（Baldwin & Clark，2000）提出的：（1）建立模块化的系统架构，详细说明哪些模块是该系统的组成部分以及相应的功能；（2）定义模块之间的接口，详细说明模块之间相互衔接及组合的方式；（3）设计标准，用于测试每个模块与设计规则是否相一致。又如青木昌彦提出影响制造商与模块分包商成功的因素包含三类：（1）产品系统的架构，明确说明系统各部分的模块及其功能；（2）模块接口，详细描述模块是怎样相互作用的，包括模块是怎样装配在一起、怎样连接和怎样联系的；（3）技术标准，用于测试模块是否与设计规则一致。

装备制造企业在设计复杂性逐渐增加的产品时发现，很难掌握将所有领域的技术进步加入新产品开发中。模块化设计为其提供了解决途径，这使得装备产品的模块接口标准化，以及模块间相互依赖程度呈现弱耦合。在企业控制整个装备产品架构的情况下，这促使设计和模块及子系统的外包。然而，模块化没有将系统集成功能简化成定义架构，外包模块的设计和生产，然后对模块进行组装。劳·安东尼奥等（2009）指出，企业通过产品模块集成和模块分解之间的持续互动来提高产品创新度和产品质量，促进了我们对产品模块化设计和组织协调交互作用的理解。龙勇和汪谷腾（2018）提出企业可以通过通用模块制造技术向专用模块制造技术过渡，来实现有自己知识产权的黑箱型技术资源。冰山集团在开发水源热泵机组时，通过界定模块之间的技术标准和接口程序，将技术知识内嵌于冷凝器、蒸发器及热力膨胀阀等模块内，加快了后续新产品的开发。研究发现，产品模块化及模块化设计逐步成为装备产品开发的主流趋势，在所调研的产品开发项目中，许多装备制造企业采用模块进行设计、生产和组装。

　　装备产品由大量的元件或子系统构成，其技术复杂性和工艺复杂性均比较高。模块化为产品开发建构一种外松内紧的产品架构，此架构充分界定了元件之间的连接关系，使得产品开发过程能分解成许多独立的模块。模块化产品构架是"看得见的设计原则"的体现，它保证了独立模块组合起来的产品整体性能的完整性。模块化所要解决的并不是详细的产品开发技术问题，而是要根据装备产品的某些复杂产品系统特点，将装备产品所需要的技术或功能需求进行系统层次的模块划分，使得模块间界面标准和模块接口通用，可以充分利用多家企业的核心能力，协同取得各模块之间集成的技术方案，应对市场的不确定性和组织的进化要求。大连机车在开发 HXD3B 电力机车时，通过识别和挖掘 HXD3 电力机车开发过程中所积累的制动室、传动室、电气室及动力室等模块，由于界面接口标准，实现了模块共用。由此可见，在模块化构架下，产品创新在产品架构稳定的前提下，通过对功能模块的一系列操作，如替代、添加等改变模块之间的连接关系快速生产出多样化的产品，大大缩短产品创新和投放市场时间。

　　模块化生产方式使得本土装备制造企业能够参与到世界先进产品的生产体系中，从而可能在生产中获得创新能力的积累和提升。模块技术通过并行创新机制促进了系统集成商和模块供应商的能力分享与合作，增强了知识外溢，从而提升了模块供应商的自主创新能力，促进其工艺升级和产品升级。但是它也有可能使得装备制造企业局限于某些模块的生产而陷入模块化陷阱。这是由于装备产品的模块数量比较多，模块开发的技术要求比较高，其创新的知识需求和技能需求都很高。系统集成商在深化发展模块化的过程中，只局限于自身某些模块的知识，而对于已有模块的功能升级知识以及其他模块的隐性知识了解有限，甚至是封闭的。随着时间的变化，尽管装备产品系统中不同模块涉及的各种技术呈非线性的变化而难以预测，但是在各模块研发和装备产品集成时模块开发商与系统集成商通过经常的交流互动，降低了装备产品开发的技术难度和风险。另外，许多装备产品越来越多地应用 IT 嵌入式软件技术，使得各模块实现的功能也日趋复杂。企业通过协调各模块之间的关系，对装备产品创新过程中的模块架构设计、模块集成与系统调试，进行创新管理，确保了产品的可靠性。

在装备产品开发过程中，企业拥有处理模块之间难以预测的交互作用，以及不同模块和子系统技术基础发展不均衡的能力也很重要。这些能力包括设计和测试在新架构下的系统结构，以及外包模块和子系统的基本技术领域知识的能力。这主要是由于装备产品的可分解程度不但与构成机理的复杂性、企业的控制战略有关，还与构成产品的技术发展阶段有关。根据罗伯特森、卡萨利、雅各布森（Robertson，Casali & Jacobson，2012）模块标准化产生的外部范围经济很大程度上替代了对互补能力拥有者之间的集中协调，这允许模块制造商精细地和深入地专注于自身的能力，从而提高创新效率、降低产品创新成本与风险。进一步分析，发现专业模块供应商在满足装备产品的设计规则的情况下，独立地确定模块内部的个别设计规则并自由对模块进行设计，不必考虑其他模块的内部设计规则，使得系统集成商能够在积极集成外部技术模块的基础上，独立地改进自身的部分子系统，快速推出满足技术和市场动态需求的新产品，从而有利于装备产品绩效的提升。研究结果表明，模块化为降低装备产品的复杂性提供了一种有效途径，系统集成商必须重视包括架构设计、模块与界面标准、各模块之间集成的技术方案等方面的技术管理工作，模块化水平越高，企业通过将装备产品进行模块化分解，越能够灵活运用自身集成优势和快速创新的资源以及外部组织的核心专长，共同确保了产品创新绩效的提高。

**3. 技术吸收对装备产品集成创新绩效的直接影响**

技术吸收与产品集成创新绩效正相关。这与一些学者（Keller，1996；Spithoven，2013；吴家喜，2009；李巍和许晖，2012）的研究结论一致。技术吸收能力对产品集成创新绩效有着较为间接的、正向的影响。研究结果说明企业获取的外部技术越多，企业内部消化和转化的技术知识越多，这也验证了卢艳秋等（2021）的理论研究结论，企业吸收外部技术知识越多，通过知识的内部化，形成的内部知识也就越多。这说明，装备制造企业在知识经济的环境下，保持对外部环境的开放性，依赖从用户、供应商、科研院所等组织获得的外部技术知识，对创新绩效并不能产生直接的影响，需要经过企业自身的消化吸收和开发，才能影响企业的产品绩效。在外部技术的吸收过程中，内部集成是关键环节，发挥着重要的中介作用。企业把外部获取的知识进行内部化后，仅仅单纯地增强了组织知识平台，提升了潜在能力，要把这种潜在能力转化为实现能力，需要企业开展有效的内部技术集成，才能更加有效地影响产品创新绩效。

装备产品创新的特点表现为多元件、多技术，创新必须由多个参与主体构成。构成装备产品的元件和子系统相互依赖，对于系统集成商而言，必须要了解产品开发所涉及的技术领域，熟悉各类元件和子系统的功能知识和生产工艺知识，才能有效完成多元件和多技术的系统集成，从而满足用户和市场需求。技术吸收能力不仅促进装备制造企业注重对外部新知识的开发，而且还能够使其更加准确地预测未来技术进步的本质。对新知识的获取和对技术不确定性的缓冲充分说明了装备制造企业通过组织间合作从外部获得资源或技术知识，能实现杠杆化成长。企业和外部组织的交互作用和联系将会增强技术吸收能力，进而会提升技术的转移效果，并最终成功地消化吸收和应用外部知识。特别是，技术吸收能力有利于企业构建组织间合作能力，形成了利用外部技术知识的程序，企业会从装备产品开发项目之初到项目进行当中以至项目取得既定目标的时候，持续地与外界互动来提高技术的理解水平，这有利于提高企业间学习与合作的效果以及企业间关系的质量，能有效地提升新装备产品的市场竞争力。

创新性产品的产生主要通过资源、创意以及技术的新组合，装备制造企业健康的研发环境依赖于其他组织持续的知识流。而且，对外部获取的知识来源的多元化需求也在上升。装备制造企业实施集成创新的过程中，由于产品涉及多元化的领域知识，相关领域技术的吸收是实现其目标的必要条件。外部技术的利用需要在企业内部创造某些"吸收能力"，如有专业化机构对外部技术进行筛选，来理解外部技术并应用于新产品。维格勒和卡斯曼（Veugelers & Cassiman，1999）认为企业员工具有丰富的先验知识是组织内部技术学习的基础，它能够更好地促进外部技术的使用，从而快速地推动新产品的开发。加西亚·莫拉莱斯等（Garca – Morales et al.，2007）认为，技术在知识社会中是组织发展的战略要素，指出技术吸收影响组织学习进而影响产品创新的绩效。在所需技术和自身核心能力具有互补性以及对所需技术的熟悉程度成为可以支持或者帮助核心能力进一步成为竞争优势的源泉，并形成了利用外部技术知识的程序时，从外部吸收具有战略性的专门技术知识能够提升产品创新的绩效。格兰特（Grant，2013）指出，为更好地理解企业的技术吸收能力，企业要聚焦于外部环境和组织的沟通渠道，以及组织内部各个单元之间的沟通交流。总之，装备制造企业技术吸收能力越强，这有助于企业掌握最新的市场和技术发展动态，以及更加明确的技术学习和研究开发方向，越能够提高产品创新的绩效。

## 4. 内部集成的中介作用

统计研究结果表明，内部集成对装备产品集成创新绩效有着正向的影响，同时还起到重要的中介作用。市场知识能力、模块化及技术吸收等因素通过内部集成的努力程度，来提高产品集成创新绩效。这与学者（West & Iansiti，2003；Woiceshyn & Daellenbach，2005；尚晓燕和王永贵，2015）的研究结论一致。尽管新产品开发离不开市场知识、产品模块化及技术吸收等不同因素，但由于装备产品由大量元件、子系统构成，使得产品被嵌入在日趋复杂的技术网络中，这要求企业在选择与外部元件知识集成的同时，还需要掌握架构知识和系统知识，通过内部集成来协调跨部门产品开发的各项任务。对中国装备制造企业而言，长期以来，通过引进技术的消化吸收和后续改进，积累了大量的技术知识，增强了企业的技术基础，而技术基础的增强促进了企业获取和吸收外部的技术知识，这是利用内部技术集成开展产品创新的重要基础；此外，近年来，许多装备制造企业在开拓国际市场的过程中，对技术发展和市场需求的预见能力逐渐增强，技术视野和产品开发所需的设计能力、制造能力及市场能力等互补能力也得以扩展，这使得企业内部技术集成能力的增强为实现集成创新提供了重要的技术支持。

沃尔希莘和戴伦巴赫（Woiceshyn & Daellenbach，2005）认为，内部集成能够提升企业的战略承诺和外部集成。由知识体系要素支撑的内部集成，如价值、技术体系或者团队结构等，在企业外部集成活动（更多信息的收集、处理和共享）中更加有能力和动力，也提高了企业的内部集成活动（更多人员和技能的参与、更多详细数据的收集），为后续新产品研发的战略承诺提供了坚实平台。安东尼奥等（2009）指出，更加完善的内部集成能够显著地提高产品创新度、产品质量、交付、灵活性及顾客服务。装备制造企业通过内部集成进一步推动了产品信息的扩散和获得其他组织的支持。同时，企业也采用了跨学科团队结构，共同促进了那些专家以前在单独部门工作的跨职能部门信息共享。这些团队工作有助于产品概念的选择、协调，有助于团队互相学习和解决技术问题。装备制造企业通过跨组织的人员流动转移知识，推动了内部集成，而跨学科团队促进了具有互补技能员工的紧密合作也使得集成更加有效。这些激励和协调工具融入组织惯例，在后续产品项目和其他新技术的集成过程中得到了重复使用。

新产品开发依赖于组织能力和资源的杠杆化利用，资源和能力经常由内部职能部门和其他组织拥有，例如供应商、用户、大学及研究机构等。而装备产品变得越来越复杂，它包含着数量逐渐增加子系统和元件，以及逐渐增加的专业知识领域，每个技术领域需要高度专业化的能力进行开发，因此企业不再希望在内部进行全部研发。为提高企业绩效，很多组织更加重视外部技术的获取。尽管外部技术来源的优点已经被学术界认可，但是为了更加有效地识别和利用外部技术，仍离不开企业内部研发的努力。内部集成是对已有专业技能、知识基础以及技术和管理体系的集成。由于装备产品具有技术复杂程度高、专业性强等特点，涉及技术知识的宽度和深度都比较大。因此，单纯依靠企业内部的技术及核心能力的开发无法保持企业的竞争优势。企业即便能够从外部获取技术知识，但需要进行吸收、转化和开发后，才能取得能动能力或核心能力，在此过程中企业现有的技术吸收能力必不可少。在物理体系和管理体系较为完善的基础上，装备制造企业可通过集成创新，建立跨部门的新产品开发团队，促使企业有效地集成内部知识，并把外部导入的技术与企业内的知识基础进行完美的融合，这直接关系到企业装备产品集成开发持续进行甚至是新产品的市场绩效。

内部集成能力能够直接影响企业新技术能力的发展。近年来装备产品被嵌入在日益复杂的技术网络中，因而大大减少了单个企业控制全部新技术的机会，这要求企业必须擅于选择和集成外部的元件知识；同时，装备产品由大量元件和子系统构成，为了顺利地推动装备产品的创新，装备制造企业自身必须具有一定的内部集成能力，在新产品成功商业化的同时产生新的技术知识，而内部集成能力深深植入企业惯例和机制中，使得企业能够预测用户需求和新技术知识的出现。通过调研发现，许多企业的内部集成能力推动了装备产品开发项目的实施以及在项目层次关联的更高水平的开发速度和生产率。大连机床的技术主管介绍，内部集成能力是机床生产企业的核心能力，将大量的技术和元件集成起来是一个相当繁杂的过程，20 世纪 90 年代，大连机床对进口机床产品进行测绘后，不能复原产品，主要是缺乏内部的系统集成能力，近年来，通过并购国外机床企业，与大学、科研院所及研发咨询公司的合作，企业在高技术含量产品领域的系统集成能力逐步增强。系统集成能力也提高了项目绩效，使得企业管理单个项目更快和更有效率，能够在单位时间内从事更多的产品开发项目，从而使企业全部产品项目的执行进度得到了越来越多的提升。同时，由于企业的异质性，使得内部集成的安排和过程很难被竞争对手复制，这也确保了后续产品的成功开发。

统计研究结果也表明，市场知识能力、模块化和技术吸收能力三个要素均对内部集成产生影响。因此，要想有效集成内外部的技术知识资源，必须首先要做好用户、技术发展趋势和竞争对手知识的管理工作，从而提高企业对用户和竞争对手的市场知识管理能力，以作为知识资源集成的外部知识基础。不难看出，装备制造企业对于市场知识的获取、学习和利用直接决定了企业在市场上的营销行为是否科学、准确、符合市场的实际情况。企业市场知识能力的提高，一方面基于对用户和竞争对手的了解，直接提高企业产品创新绩效的水平；另一方面通过内部技术集成来提高产品创新绩效。因此，企业要想提高产品绩效，必须提高其挖掘与利用市场知识的能力，从而使得企业的市场营销工作能够获得科学的指导，并有效调动企业的内部资源，使之能够更好地满足用户需求，形成对竞争对手的比较优势，从而最终提高产品绩效。

模块化和技术吸收能力主要通过内部集成来提高产品的创新绩效。装备产品具有复杂产品系统的特征，包含大量的元件和子系统，以及将它们连接在一起的控制单元，这些元素按照复杂层级结构组成整个系统。装备产品复杂性的增加是知识生产专业化增加的结果，致使我们可以更好地理解二者的因果关系，以及选择更好和更适宜的试验方法。根据成功嵌入新产品中元件的数量，可以减少技术搜寻成本，然而这产生了更大的复杂性。模块化设计使得装备产品的设计规则、不同模块之间接口得到了清晰的设定，厘清了装备产品内部大量元件和子系统间的关系，降低了开发难度。模块化技术的出现催生了替代型经济运行模式，能够促进元件和技术平台的共享。模块化使得单个模块的变换可以改进整个产品技术系统的性能，不但保持了产品的完整性，还促进了产品技术系统的升级换代，从而能够解决企业规模经济要求和消费者特定需求相平衡的难题，使得模块可以单独开发并替代使用，提高产品开发效率。装备制造企业通过模块化，将不同的子模块交给不同的模块供应商研发和制造，利用集成优势和快速创新的资源，以及模块供应商的核心专长，获得了更大的灵活性，有效降低了装备产品的复杂性、资本资产和装配成本。由于不同模块的设计任务分配给不同的开发团队或外包给模块供应商，为了促进信息或知识共享以及维持产品模块兼容性，装备制造企业需要在不同模块小组之间进行适当的集成，才能更快和灵活地交付新产品。

在装备产品创新过程中，单个企业难以完成全部任务，需要制造商、用户及供应商等多个参与主体的合作，制造商作为整个系统的集成者，必须对内外部技术知识进行挖掘，从而在产品创新过程中有效集成元件及子系统。许多企业为确保内部技术集成的成功，在已有技术吸收能力的基础上，对新产品研发加强了战略承诺，从而激励内部集成努力。确保组织不同部门有效沟通和新知识及时应用的外部技术吸收能力、协调、领导力及组织惯例等能力的集成对问题有效解决非常重要，能够为新产品的建构过程提供基础。企业在控制系统设计和核心技术的基础上，利用技术吸收能力，通过内部集成对外部技术进行开发，强调那些聚焦和管理内部资产的问题解决活动，实现装备产品的自主创新，并主导产品开发的整个流程，保持技术创新的主动权。在与外部技术来源广泛而深入的合作过程中，装备制造企业通过"干中学"和"交互式学习"提高内部集成能力，这进一步确保了企业自身技术能力的提升。

总之，在现有市场知识能力、模块化和技术吸收能力的基础上，企业通过内部集成努力提高了系统集成能力，这是装备制造企业的核心能力，决定企业的产品创新绩效和竞争优势。内部集成是市场知识能力、模块化和技术吸收能力与产品创新绩效的中介变量，市场知识能力、模块化和技术吸收能力通过促进内部集成能力的成长，提高产品创新绩效。

## 4.8 本章小结

本章主要基于所提出的理论框架、研究假设，以装备产品开发项目为研究样本，进行研究数据的收集、处理与研究假设的验证。首先，根据第3章案例分析和在理论探讨的基础上，提出本书的概念性框架和模型，接着介绍研究数据的收集过程，包括实证样本的选择和样本收集方式等，并对收集的样本数据进行描述性统计分析。其次，采用探索性因子分析的方法，对收集的数据质量进行评价，包括信度分析和效度分析。再次，采用皮尔逊相关分析方法，从研究变量相关的角度，探讨本书提出的假设是否成立，为进一步的研究分析提供基础。最后，采用回归分析方法，探讨市场知识能力、模块化、技术吸收及内部集成等对产品集成创新绩效的影响程度，进一步增强研究的说服力。

（1）相关分析发现，市场知识能力、模块化及技术吸收等因素对内部集成和产品集成创新绩效，均具有显著的正相关性，从而验证了研究假设4-1~假设4-9；内部集成与集成创新绩效之间也存在显著的正相关性，从而为验证研究基本假设4-10提供了初步依据。

（2）回归分析发现，市场知识能力、模块化、技术吸收及内部集成等因素对产品集成创新绩效存在着显著程度的正向影响。其中，市场知识能力因素对内部集成的影响大于模块化和技术吸收因素。市场知识能力对产品集成创新绩效的影响程度大于模块化和技术吸收。市场知识能力、模块化及技术吸收均通过内部集成对产品集成创新绩效产生间接、积极的影响，但是市场知识能力通过内部集成对产品集成创新绩效的影响程度小于模块化和技术吸收因素。总的来说，内部集成发挥着中介作用，其中在模块化和技术吸收与装备产品集成创新绩效之间发挥着主要中介作用。

# 第5章

# 装备制造业产品集成创新
# 模式的选择研究

多元化的集成创新模式已成为装备制造业实现自主创新、加快技术追赶进程的重要途径，但企业有效地开展集成创新也正面临如何在四种模式中进行合理选择的问题。为此，在第 3 章提出模式和第 4 章关键因素识别的基础上，本章首先提出模式选择的原则及依据；随后，对模式的选择及其实现路径进行分析，以期为装备产品开发的集成创新实践提供理论和实践支持。

## 5.1 装备产品集成创新模式选择的原则及依据

第 3 章分析了装备产品集成创新的四种模式，企业均可在不同时空范围内进行选择，但实际上不同装备制造企业自身的创新资源条件和企业在技术发展的不同阶段向外部组织开放合作的对象都存在差异，因此，需要根据外部环境的变化、自身特质和能力基础、技术发展规律及产品特点等方面，选择适合本企业的装备产品集成创新模式，加快新产品成功商业化的进程。

## 5.1.1 装备产品集成创新模式选择的原则

由于装备制造业开展产品创新的条件差异巨大，企业在实施集成创新的过程中必须根据自己所处的产业情境确定适宜的模式选择原则，再根据模式选择原则，选择合理的集成创新模式及其实现途径。

（1）集成创新模式选择要因地制宜。通过调研发现，不同模式在不同企业均得到了采用。由于我国装备制造企业涉及面广，发展也存在着不平衡，这使得企业不管采用哪种模式，关键是要因地制宜，充分利用已有的能力基础、条件和优势，选择适合自己的模式，否则，就会导致畸形发展反而会延缓装备产品的研发进程。同时，企业也不能照搬照抄行业内其他企业装备产品的集成创新模式，因为能力、政策及环境等条件会发生变化，因此，要积极借鉴类似装备产品的开发经验，从动态的角度选择合理的模式。

（2）不同企业要遵循比较优势的原则选择集成创新模式。企业开展集成创新要按照比较优势的原理来选择适合自己开发的装备产品。这些优势主要体现在知识和技能、物理系统、管理体系及学习行为等企业技术能力维度，以及对外部市场知识和技术的理解和掌握。因此，在模式选择上，一方面，正确评估自身的能力基础，对外部的技术和市场知识进行识别、获取和应用，提高产品附加值和技术含量，加快产品商业化。另一方面，利用已有的创新生态系统，采用多种合作方式，加快市场进入时间。

（3）集成创新模式的渐进性与企业发展相匹配，不同时期选择不同的集成创新模式。在进入一个新产品领域的情况下，由于企业未掌握某些关键技术，可首先选择许可改进型模式。企业可以逐渐掌握产品开发过程中的技术知识、设计能力及其他互补能力，提高企业的技术创新能力。同时伴随着企业的能力积累和发展，可以更加灵活地选择其他模式，这样可以加快装备产品的开发进程并使产品结构不断优化。

（4）集成创新模式要将政府导向性与企业微观主体的主动性相结合。新产品的研发，企业一定要着眼于市场导向，按照市场经济的要求推进新产品的商业化，主要是充分发挥企业的市场主体作用。但由于某些装备产品涉及国家经济和军事安全，市场化程度比较低，需要政府的引导和推动。因此，针对不同的装备产品开发，企业需要灵活地选择集成创新的模式。

### 5.1.2 装备产品集成创新模式选择的依据

装备制造企业的市场环境、能力基础及资源等条件具有异质性，也存在着较大的差距，只有认识到这些差距，才能在其基础上选择合理的模式进行新产品的开发，为此，本书提出选择依据主要包含以下几个方面：

（1）市场环境不同。对于以技术为基础的装备产品开发来说，来自市场的知识比其他任何信息都重要，它深刻地反映了用户对产品和服务的认识。而装备产品的基础性和战略性则决定了国内需求的重要性，并需要企业对市场需求有更深刻的理解和洞察。需求的多样性和企业资源的异质有限性使得企业不得不面对如何选择对本企业来说最合适的需求。从样本产品所面临的需求可以看出，用户需求拉动是装备产品开发的首要驱动力，同时由于装备产品的开发与国民经济和国防建设息息相关，识别国家需要、宏观政策和市场变化是未来新产品研发的关键。

（2）企业物理系统不同。由于大多数知识是隐性的技术诀窍，它们不仅存在于头脑中，也同样存在于高技术设备等物理系统中。物理系统包括软件、硬件及设备，是产业竞争的基础，能够为企业带来短期乃至长期的利益和优势。当企业拥有软件测试系统和设备时，会增强新产品的试验能力，加快新产品的开发速度。另外，拥有某些尖端加工设备，能提高装备产品的制造能力，直到竞争对手具有类似的工具后，竞争优势才逐渐消失。

（3）企业管理体系不同。管理体系是企业经过长时期发展形成的，通过形成正式的或非正式的激励、培训、提升体系和程序及惯例等有益的行为，引导创新资源的积累和配置。企业通过不断演化，能够积累大量的管理知识，建立专门的机构来系统性地分析和获取用户及市场信息，并感知竞争者的市场反应。同时，培育技术看门人和跨边界人才，产生利用外部技术知识的程序和组织惯例，对外部技术进行监测、筛选，并经常构建重量级产品开发小组，可以促进技术问题的共同解决。

（4）企业能力基础不同。企业需要具有一定程度的蕴藏于员工身上的技能和知识基础，主要体现在核心技术能力、设计能力及互补能力等方面。核心技术能力是企业经过长时间积累，迅速把技术应用于新产品和新工艺的能力，它难以模仿，能够不断地创造新产品知识。在对技术追随者研发的一项研究中，福布斯和维尔德（Forbes & Wield，2000）指出，追随者通过建立企业自主的设计能力，创造了一个提升价值链的机会。本书发现，一些企业通过传统产品领域的工艺技术积累及新兴产品领域的设计能力的提升，实现了技术能力的成长。尽管，互补能力可以模仿，但它可以增强新产品的研发能力，使得竞争对手进入该领域的成本增高。

（5）产品特性不同。装备产品创新是一种特殊形态的创新过程，它建立在普通产品创新的基础上，同时又具有许多与普通产品不同的特性。不同产品特性不仅体现在从设计到提供完整解决方案的整个创新过程中，还体现在装备产品的物理结构上。装备产品普遍由多技术、多功能元件组成的复杂的系统层级结构，尤其是还有日益增多的内嵌系统软件技术。同时，产品也表现出较高的定制化设计，研发周期长，知识技能的跨度大和新技术的应用比较多。这些特点都为企业识别和选择不同的模式提供了基础。

 5.2 装备产品集成创新采取的模式

### 5.2.1 装备产品集成创新模式的维度分析

**1. 技术来源途径筛选**

技术的快速发展以及全球化市场竞争的加剧，单独依靠企业内部的研发投入难以满足技术变化和市场需求的节奏，因此，企业把内部研究开发与外部技术资源有机地结合开展和实施创新日显重要，只有这样才能在激烈的市场竞争中赢得竞争优势。大型企业的技术来源过去主要依赖于内部研发，由于许多产品包含越来越多的技术，产品开发需要高度专业化的能力才能完成，为此，许多企业通过求助于外部技术资源对自身的内部研发进行补充，获得了超前的发展。大量的研究文献指出，积极利用外部技术和知识资源，例如技术咨询、研发外包、合作协议或雇用有资格的研究者等，能够促进产品创新和企业技术能力的成长（Roberts，2001；Gerard George，et al.，2002；Santamariaa，Nietob & Barge – Gil，2009；Granstrand，2020）。

目前，关于技术来源方面的研究已比较成熟。本书主要从实际应用方面对不同技术来源途径进行总结，从而对装备制造企业利用不同技术来源进行产品开发形成一个整体认识。在汉斯·格奥尔格·格明登（Hans Georg Gemünden，2016）的研究中，对外部网络中的新技术来源的界定是相当宽泛的，政府、合作供应商、咨询顾问、材料设备供应商、用户、研究机构、竞争者、分销商都被视为不同的技术知识的来源。其他一些研究者，如格雷布纳（Graebner，2007）将外部新技术的来源分为：大学、国家实验室等研究机构，咨询者，顾客，零售商，企业，等等；菲利普斯（Phillips，2001）将美国、日本企业外部技术的来源途径划分为 7 种：技术许可证、并购、衍生企业、合资、聘请技术人员、购买技术、逆向工程；奥斯陆手册比较全面地总结了 23 种技术来源途径，包括企业内部研发、竞争者、用户、供应商、咨询公司、专利、标准等；欧共体创新调查问卷（Community Innovation Survey），将技术来源分为内部研发、供应商、用户、咨询公司、同行企业、技术标准等 11 种途径（Robson & Haigh，2008）。综合不同学者和研究机构的观点，表 5 - 1 对技术来源的途径进行了分类和整理。

表 5 - 1 　　　　　　　　　　学者对技术来源途径的分类

| 研究者 | 年份 | 技术来源途径 |
|---|---|---|
| Friar，Horwitch | 1999 | 内部研发、并购、合资研发、技术授权 |
| Ford | 2000 | 内部研发、合资研发、合同外包、技术授权、产品或设备采购 |
| Rubenstein | 2005 | 内部研发、技术授权、合资研发、优先研发合作、合同研发、购买嵌入设备及材料中的技术、咨询、并购小企业、引进人员 |
| Hagedoorn | 2006 | 内部研发、合资企业和研究公司、技术交换协议、直接投资、合作研发、客户 - 供应商关系、单向技术流动 |

续表

| 研究者 | 年份 | 技术来源途径 |
|---|---|---|
| Ove Granstrand | 2020 | 内部研发、新创企业的兼并、技术联合、合同研发、技术购买、技术搜索 |
| Helleloid，Simonin | 2004 | 内部研发、组织外部辅助研发、购自公开市场、企业联盟、并购 |
| Graebner | 2007 | 内部研发、并购、合资、授权、共同开发 |
| Tajudeen et al. | 2019 | 内部研发、合资企业、技术许可协议、研发联盟 |
| Tsang | 1999 | 内部研发、并购、合资研发、技术授权、设备购买、技术合作 |
| Bonaccorsi | 2017 | 内部研发、非正式的个人联系、正式的个人联系、第三方关系、正式的有针对性的安排、正式的非针对性的安排、创新聚集 |
| Khalil | 2000 | 内部研发、合资研发、研究外包、技术授权、技术买断 |
| Philips | 2010 | 内部研发、技术引进、合资、租用、反求工程、设备采购、孵化器 |
| Oslo Manual | 2005 | 内部研发、竞争者、用户、咨询公司、商业实验室等 |
| 李纪珍 | 1999 | 企业内部、企业外部、技术合作 |
| 郭斌，许庆瑞 | 1999 | 企业内部、联合开发、技工贸一体、窗口模式、反求工程、中介模式 |
| 吴贵生 | 2000 | 企业内部、商品交易型、供方推销型、需方寻求型、供需合作型 |
| 程源，雷家骕 | 2004 | 企业自身、大学、研发机构、供应商、消费者、竞争企业、其他企业 |
| 崔雪松，王伶 | 2005 | 内部研发、内部集成、外包研发、合资、收购、技术许可、购买设备 |
| 胡笑寒 | 2008 | 本企业自有技术、国外技术、中科院、其他部委属科研所、地方属科研院所、大专院校、国有大中型企业、其他各类企业、国内其他企业、引进消化吸收创新 |

在总结和分析上述不同技术来源的基础上，借鉴奥斯陆手册并选择了装备产品集成创新过程中利用的主要技术来源，包括内部和外部。在预调研过程中，笔者与装备制造企业产品开发项目的技术负责

人或研发中心主管进行深入访谈时发现，装备制造企业在集成创新过程中常用的技术来源包括：企业内部、供应商、用户、大学和科研机构、技术标准及合同技术。调研中发现，装备制造企业在创新资源和技术基础落后的情况下，为推出满足国内外市场需求的产品，需要满足大量的技术标准要求，因此，本书根据实地调研情况和笔者理解，把技术标准加入技术来源研究对象中，同时，加入企业内部研发，以探寻新的发现，总共筛选出 7 种途径作为重点研究对象。在图 3 - 4 的基础上进一步细化，提出了集成创新产品开发项目中的技术集成框架，如图 5 - 1 所示，并列出了所要分析的技术来源。

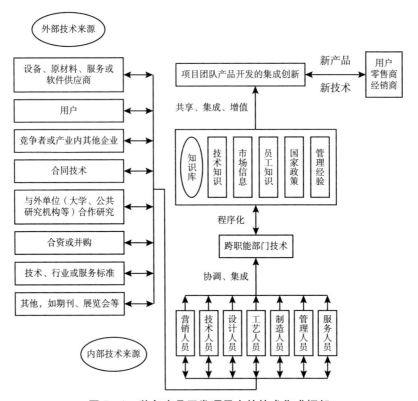

图 5 - 1　装备产品开发项目中的技术集成框架

## 2. 技术来源途径统计分析

本书采用人员访谈与问卷调查相结合的方法进行资料的搜集。在调研过程中，由于涉及产品开发的大量技术细节，为能够提高研究的内部效度，本书采用了现场访谈法收集统计数据，访谈对象包括企业分管技术、研发、设计的副总，技术、研发、设计部门负责人，产品开发项目负责人，平均访谈时间为 1.5 ~ 2 小时。同时，为提炼和总结适用于本土装备产品集成创新的有效模式，还借助于现场观察和查阅技术档案，获得第一手的案例研究资料。通过深入访谈、现场考察、阅读技术及产品资料，本次调研涉及大连机车、大连机床等企业的装备产品开发项目 250 个，由访谈对象现场填写问卷，其中有效问卷 194 份，问卷有效率达 80.6%。尽管样本数量较少，但采用人员访谈的方法提高了数据的真实性和可靠性，从而提高了研究的内部效度。

对于装备产品集成创新过程中各种技术来源途径的利用程度，问卷题项的设计采用从低到高的李克特五级量表。采用五级量表的原因在于，随着量表分点数的增加，问卷可靠性逐渐增加，但当点数高于五级之后，问卷可靠性增加的比率就会减缓。对各种技术来源途径的利用程度进行频次分析，结果如表 5 - 2 所示。

表 5 - 2　　　　　不同技术来源途径的利用强度

| 技术来源 | 比重（%） | | | | |
|---|---|---|---|---|---|
| | 低 | 较低 | 一般 | 较高 | 高 |
| 内部研发 | 4.5 | 2.2 | 12.4 | 39.3 | 41.6 |
| 供应商 | 13.5 | 18.0 | 30.3 | 30.3 | 7.9 |
| 用户 | 13.5 | 11.2 | 38.2 | 22.5 | 14.6 |
| 竞争者或同行企业 | 13.5 | 20.2 | 29.2 | 28.1 | 9.0 |

续表

| 技术来源 | 比重（%） | | | | |
|---|---|---|---|---|---|
| | 低 | 较低 | 一般 | 较高 | 高 |
| 技术标准 | 13.5 | 10.1 | 40.4 | 19.1 | 16.9 |
| 合同技术 | 12.4 | 14.6 | 30.3 | 30.3 | 12.4 |
| 合资与并购 | 41.6 | 13.5 | 24.7 | 14.6 | 5.6 |
| 大学与公共科研机构 | 20.2 | 29.2 | 20.2 | 20.2 | 10.1 |
| 其他，如期刊等 | 36.0 | 13.5 | 30.3 | 13.5 | 6.7 |

技术来源途径的利用强度主要依次表现为内部研发、技术标准、用户、合同技术、竞争者及大学与科研机构。可以看出，内部研发为企业主要的技术来源，80.9%的产品开发项目较高或高强度地利用内部研发，仅有4.5%的产品开发项目利用程度很低，表现最突出；技术标准、用户、供应商、竞争者、合同技术五种技术来源，在产品开发过程中较高或高强度的利用均占到40%左右，其中，技术标准在产品开发过程中利用程度很高，占到了16.9%的比重，这是因为本土装备产品为了进入国内外市场，正在积极地借鉴和参考技术标准，满足市场准入要求。此外，我们还发现，41.6%的产品开发项目没有或很少利用合资与并购作为技术来源，这主要是因为中国装备制造企业技术基础和创新资源仍处于劣势，没有形成自己的核心竞争优势，缺乏国际竞争力。

## 5.2.2 装备产品集成创新模式的聚类分析

聚类分析是一种建立分类的多元统计分析方法，它通过将一批样本或变量数据根据其诸多特性，按照在性质上的亲疏程度在没有先验知识的情况下进行自动分类，产生多个分类结果。其同类内个体特性具有相似性，不同类间个体特征的差异性较大。

运用 SPSS 25.0 统计分析工具菜单分类（classify）中的快速聚类法——K 均值聚类算法（K-means cluster），根据操作要求，按照 4 种模式进行聚类分类，经过迭代运算后，模块化程度和技术依存度两个维度的最终聚类中心值如表 5 - 3 所示。

表 5 - 3　　　　　　　　　　　最终聚类中心

| 维度 | 聚类 | | | |
|---|---|---|---|---|
| | 1（内部一体化型） | 2（架构设计型） | 3（模块更替型） | 4（许可改进型） |
| 模块化程度 | - 1.50737 | 0.10169 | 0.47817 | - 1.46599 |
| 技术依存度 | - 0.63453 | 1.13185 | - 1.13872 | 0.55878 |

随后，对聚类结果的类别间距离进行方差分析如表 5 - 4 所示，方差分析结果表明，类别间距离差异的概率值均 < 0.001，表明聚类的效果比较好。

表 5 - 4　　　　　　　　　　　方差分析

| 维度 | 聚类 | | 误差 | | F | Sig. |
|---|---|---|---|---|---|---|
| | 均方 | df | 均方 | df | | |
| 模块化程度 | 19.660 | 3 | 0.341 | 125 | 57.588 | 0.000 |
| 技术依存度 | 22.752 | 3 | 0.266 | 125 | 85.497 | 0.000 |

进一步观察，原有样本数 194 个被聚合成 4 类，并与案例分析中的模式划分相对应，如表 5 - 5 所示。其结果表明，企业在样本数据

中选择模块更替型模式进行产品开发所占的比重最高，为49.6%，而许可改进型模式比重最低，仅为8.5%，这与我们前面案例分析的结果是一致的，也为我们的后续研究提供了切入点。

表5-5　　　　　　　　每个模式聚类中的案例数及百分比

| 内容 | 类别 | 案例数（个） | 百分比（%） |
|---|---|---|---|
| 聚类 | 1（内部一体化型） | 53 | 27.2 |
| | 2（架构设计型） | 29 | 14.7 |
| | 3（模块更替型） | 96 | 49.6 |
| | 4（许可改进型） | 16 | 8.5 |
| | 有效样本 | 194 | 100 |

值得注意的是，对于任何企业来说，四种集成创新模式没有一个是最佳的选择，企业只有根据自身发展、新产品特点以及管理体系和物理技术系统等选择标准，动态地选择有效的产品创新模式。模块更替型模式在四种模式中对产品技术理解较好、模块化程度较高，采用也是最多的，这也符合当前本土装备产品开发的实际情况。但与此同时，另外三种集成创新模式也将继续存在并发展下去。装备产品的研发采用何种集成创新模式，这取决于企业各种现实影响因素综合作用的结果。

## 5.2.3　装备产品集成创新模式的现实选择

上述四种模式各有合理性及存在基础，装备制造企业应根据前述模式选择的原则及依据和案例分析得出的相关结论，并剖析各种模式的适用范围、内外部制约因素等，相机选择适宜的装备产品集成创新模式。

### 1. 架构设计型集成创新模式

（1）模式界定

架构设计型模式要求企业在对国家宏观经济形势、经济及产业政策等有深刻的把握和了解的基础上，根据本土市场需求结构的特点来定义装备产品的性能特性，选择适宜的技术开发满足用户个性化需求的产品。这种模式倾向于将产品架构设计和系统集成任务置于企业内部完成，而在外部技术模块的选择以及自有技术与外部技术的匹配上保持较高的灵活性。这要求企业具有较强的设计能力、市场知识获取能力以及对外部技术进行正确的评价、选择及应用的管理体系。

这种模式下的企业自身具有较强的设计能力和掌握大量的架构知识，在此基础上利用动态系统集成能力对国外企业的先进产品原型进行测绘模仿，例如 CRS450Z5 集装箱正面吊运机的卡尔马公司产品原型，通过了解其设计原理和学习先进的设计理念，掌握所要开发产品的架构知识和系统知识。由于产品模块化程度高和企业未掌握某些子系统或模块的技术知识，企业凭借完善的管理体系，联合其他具有相关领域技术能力的模块供应商，从而在市场上获取某些关键模块。装备制造企业在不改变模块核心设计概念的前提下，成立跨部门的产品集成小组对模块界面间的参数进行适当调整，并通过完成产品设计、组装、界面集成等活动生产出最终产品并推向市场。

由于专业供应商能够对模块的概念产生到制造，直至将模块样本销售给系统集成商的整个过程进行控制，因此经常会主导模块内嵌技术的发展路径，使得装备制造企业在模块的获取、升级及系统集成等方面变得依赖供应商，会降低装备产品的集成创新效果。随后，经过长时间的技术模块演化，这些模块具有了清晰和标准的接口，会降低系统集成商与模块供应商之间的相互依赖程度，促进多元化和序列化新产品的开发。通过这种模式，尽管企业能够从市场上获利，但由于技术门槛低，也更易于被同行业的企业所取代，但从长期发展来看企业仍必须积累和提升自主开发模块的技术能力。

（2）适用范围

通过上述分析发现，选择架构设计型模式进行装备产品开发的企业需要具有较强产品设计能力，但企业发展阶段、能力要求等方面的限制，决定了它们必须根据自身擅长的领域选择技术集成路径，进一步学习新产品的系统知识和架构知识，并将一些通用模块或者技术进行外包。同时，为了形成必要的产品创新互补能力，企业不需要将全部模块的制造环节外包出去。在这种模式下，系统集成商往往能够凭借设计能力和系统集成优势在装备产品集成创新过程中控制着产品架构设计和界面集成的技术参数。

在这种模式下，装备产品的架构设计发生较大变化，种类比较多，其模块耦合程度比较低，行业内存在比较统一的标准化模块划分方案，模块具有通用性；企业具有比较宽广的外部技术来源，技术市场交易活跃；企业具有一定的市场知识、技术监测及消化吸收能力，需要对产品架构整体进行学习，但是技术依存度比较高，企业技术创新能力仍需要进一步提高，这些特点进一步为该模式的选择提供参考。

## 2. 模块更替型集成创新模式

（1）模式界定

由于装备产品在国家经济和国防建设中的基础性、战略性地位，使得产品开发受国家政策和宏观形势的影响比较大。在此基础上，装备制造企业需要根据本土市场需求结构的特点来定义产品功能，并选择相应的技术来开发满足用户个性化需求的产品。模块更替型模式从外部获取的模块比较少或者只选择从外部获取通用模块，这种模式下的集成创新倾向于把包括关键模块的制造、产品的设计、组装和系统集成界面管理等在内的大部分生产制造环节置于企业内部完成。

通过案例分析不难发现，在装备产品开发过程中，企业在具有较强研发能力和技术集成能力的基础上，通过寻找国外相应的产品原型，例如 HXD3B 型大功率交流电力机车的原型庞巴迪公司开发的 Iore Kiruna，促使企业内部技术努力的目标和外部技术集成的方向清晰化。由于产品模块化程度高，企业决定在原有技术平台设计规则做较少修改的前提下，对某些关键技术模块的核心设计概念进行升级或替代，同时与模块供应商共同开发新模块。在这种模式下，企业可通过自身已形成的成熟管理体系，利用共享的、创造性的问题解决方法，积累大量的产品架构知识和元件知识，从而在行业内为快速地开发出更高性能和环保节能的新产品奠定了基础。

在模块研制过程中，系统集成商根据装备产品的规划和设计来负责模块的功能详细说明任务，包括模块的性价比需求、外部造型、接口详细说明以及其他基础设计信息。模块供应商在工程设计方面具有竞争优势，对此，系统集成商可以利用供应商的工程设计技能和人力，把模块的详细工程设计任务委托给供应商，同时保留装备产品的基础设计和总体系统的完整性。内部模块的研制则是依靠已有的物理技术系统，来确保模块的高质量开发和系统集成。在这种模式下，模块原型与生产的互动促进了知识在集成商和模块供应商之间的交流，同时，借助二者之间的互补优势，能够共同解决模块开发中遇到的技术难题，特别是新技术方案中的接口兼容性问题。

（2）适用范围

通过上述分析发现，选择模块更替型模式的企业具有较强产品技术创新能力，能够根据技术环境的变化调配已有的技术存量，在产品开发的系统层次学习架构知识的基础上，对某些关键模块的核心设计概念进行更替，在产品开发和技术创新上掌握了主动权，同时通过外包或并购等多种方式获得那些通用模块或者技术资源。在这种模式下，系统集成商虽然不能完成产品开发过程中全部和新技术的自主研发，但凭借已有的研发能力和系统集成优势掌握了部分研发的主动权，其产品的技术含量明显提高。

在这种模式下，装备产品的模块化程度比较高，架构设计变化比较小，模块间的耦合程度低，模块外包比较容易，具有通用性；关键技术交易不活跃，并存在垄断现象，企业的技术依存度比较低；企业具有较高的市场知识能力、技术监测和消化吸收能力以及技术创新能力，这些特点进一步为该模式的选择提供了参考。

### 3. 内部一体化型集成创新模式

（1）模式界定

由于装备产品开发受国家政策和宏观形势的影响比较大，内部一体化型模式要求企业在对国家经济形势及产业政策等有深刻的把握和了解的基础上，根据本土市场需求结构的特点来定义产品的性能特点，选择相应的技术开发出满足用户个性化需求的产品。内部一体化型模式从外部获取的模块比较少，企业把模块的制造、设计及系统集成等在内的大部分生产制造活动主要集中在内部进行，并由企业全程主导和控制。这种模式要求企业具有一定的研发能力的同时，具有完善的管理体系和物理技术系统。

装备制造企业在了解市场需求的基础上，主要通过自身努力对新产品进行建构，包括对产品功能配置和详细设计的控制、关键技术功能模块的内部研制。由于大部分模块在企业内部制造，这些模块之间的界面具有独特性，同时这些模块也没有形成统一的技术标准，为此企业积极寻找国外先进的产品原型，例如 CHD25 九轴五联动车铣复合加工中心的产品原型是德国 DMG 公司 GMX 产品，使得内部技术努力的目标和外部技术集成的方向清晰化。企业在借鉴原型的先进设计理念和制造技术的基础上，借助自身较强的创新能力以及某些互补能力，例如设计能力、制造能力以及系统集成能力等，利用健全的物理技术系统对产品系统层次设计、详细设计以及原型建立等过程中遇到的问题，进行反复的试验，来实现抵御产品市场风险的能力。

在这种模式下，由于产品的技术和工艺比较复杂，集成商在产品蓝图的基础上，通过询价、投标等方式对能够承担工艺设计和生产的专业模块供应商进行选择。集成商通过保留专有模块详细设计能力，牢固地控制模块的设计质量，从而掌握与供应商讨价还价的能力。另外，由于大部分模块置于企业内部研制，许多模块的详细设计工作分散了企业内部针对产品系统工程设计的组织，可能会导致集成商丧失竞争力，这主要是由于供应商的工程设计部门更加聚焦于特定的模块技术。因此，在对模块详细设计控制的情况下，集成商会更加依赖供应商来交付所要求的定制化模块，从而促进了知识的流动。

（2）适用范围

通过上述分析发现，选择内部—体化型模式进行装备产品开发的企业要求具有较强产品建构能力，但产品新颖性和模块化程度低等方面的限制，要求装备产品的研发与制造等任务主要在企业内部完成，并将少量的通用模块或者技术通过外包获取。同时，由于不能具备所有模块的生产制造能力，企业需要将某些专有模块的制造环节外包出去。在这种模式下，系统集成商能够凭借自身的技术创新能力在装备产品集成创新过程中占据主导地位，并控制着产品模块集成的全部技术参数。

在这种模式下，装备产品种类比较少，其模块化程度比较低，功能和模块之间的对应关系复杂，模块具有特殊性和专有性，实现统一的标准化模块划分方案还存在一定困难，企业控制模块的设计规则；具有比较宽广的外部技术来源，技术市场交易活跃，技术依存度较低；企业具有较高的市场知识、技术监测、消化吸收能力以及技术创新能力，这些特点进一步为该模式的选择提供参考。

**4. 许可改进型集成创新模式**

（1）模式界定

通过对船用柴油机等装备产品的案例分析发现，许可改进型模式同样要求企业在对国家经济形势和政策等有深刻的把握和了解的基础上，根据本土市场需求定义装备产品的性能特点，选择相应的技术开发出满足用户个性化需求的产品。由于产品工艺比较复杂，使得许可改进型模式从外部获取的模块比较少，要求企业把模块生产、产品设计和制造以及系统集成等活动集中在企业内部完成。在这种模式下，企业的技术创新能力和产品的模块化程度都比较低，要求企业具有完善的管理体系和物理技术系统来保证新产品的开发。

在识别市场需求的基础上，企业利用完善的管理体系对市场上已有产品的市场知识和技术进行监测和筛选，以便确认适宜产品的研发。由于技术垄断和研发能力比较弱，企业须通过购买技术许可证的方式进行生产，在开发过程中逐渐积累相关的元件知识和架构知识，并通过跨部门集成小组成员之间的知识共享和交互式学习对授权图纸的系统设计、专有模块或旧技术进行改进，提升设计能力，以推出满足细分市场的升级产品。在模块研制的过程中，企业可依靠完善的物理技术系统，对功能模块进行反复试验，确保模块的质量。企业利用已有的系统集成能力和制造能力对内外部模块进行集成，并借助软件程序和测试设备对产品系统进行调试，从而研制出高质量的装备产品。

在产品和市场匹配的条件下，许可改进型模式可以帮助企业快速地占领市场，获取竞争优势。在装备产品集成创新过程中，企业尽管积累了大量的不同技术领域知识，产品开发能力也得到了极大提升，但由于产品的技术和工艺比较复杂，大量核心技术仍然受制于人，企业还需要长期的技术努力，才能实现技术能力的成长。

（2）适用范围

通过上述分析发现，选择许可改进型模式的企业能够把握市场需求的特点，并把这些特点转化为产品的系统集成能力，但由于企业研发能力较低和产品模块化程度比较低等方面的限制，要求企业必须根据自身的发展特点通过许可等方式获取技术资源，实现元件知识和架构知识的积累。同时，为了能够快速地进行产品开发，企业需要将某些模块的制造环节外包，进行互补创新。在这种模式下，系统集成商需要依靠在产品系统集成方面的优势，控制着产品各个模块和系统集成的全部技术参数。

在这种模式下，装备产品的架构发生微弱变化，模块化程度也比较低，功能与模块间的对应关系比较复杂，企业控制某些模块的设计规则并专有，致使行业内实现统一的模块化分解尚存在一定困难；外部技术来源比较少，存在着技术垄断现象，技术依存度比较高；企业具有一定的市场知识和技术监测能力，对装备产品的全局知识进行学习，但是技术创新能力仍需要进一步提高，这些特点进一步为该模式的选择提供参考。

##  5.3 装备产品集成创新模式选择的实现路径

考虑到模式的情境依赖性和动态演进性，拟构建装备制造企业实施集成创新模式的动态实现路径，来分析不同模式的形成与发展，并分析企业在不同发展阶段其集成创新模式的动态演进规律，以对处于不同发展阶段的装备制造企业实施集成创新提供指导和参考。

### 1. 装备产品集成创新模式选择路径的提出

通过深入观察，并结合第 3 章和第 4 章的相关分析，可以得出以上四种集成创新模式之间存在某种变化、选择、保持的转移趋势。为了适应环境变迁，产品开发中不同集成模式转移的本质是企业为了动态地寻求新的价值源泉。装备产品是一个多层级的、较为复杂的产品系统，可分为系统、子系统、模块及元件四个层次，如图 5 - 2 所示。

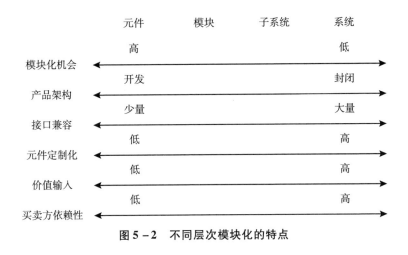

图 5 - 2　不同层次模块化的特点

我们可以看出，元件定制化程度、价值输入和买卖双方的相互依赖程度在元件层次趋向于低水平，具有较少甚至没有接口兼容性的开放架构产品特征。当模块和子系统开发完毕，模块定制化程度、价值输入和买卖双方之间的依赖程度在系统层次上都会变得较高（Mikkola，2010）。

达曼珀尔和戈帕拉克里希南（Damanpour & Gopalakrishnan，2001）认为 A-U 模型为新产品开发提供了许多富有价值的见解，并且与多元化的内外部技术资源相适应，并指出对于由单一技术驱动竞争的产品而言，该模型是合适的。但是现实中大多数产品融合了多元化的技术，这些技术演化的速率和技术发展的成熟度都不一样，产品创新过程的演化可能会有不同的模式，从而为分析不同模式之间的转移选择提供了分析思路。对产业历史的研究表明技术变化是循环的，"返生"（dematurity）会把一个产业从特定阶段拉回变动阶段，而某一个技术演变的生命周期中，在产品主导设计确立的情况下，针对装备产品开发，技术模块化可能是最终选择，也可能是整个产业标准化的结果。为此，随着企业问题解决能力的提高和新知识的产生，新产品开发的能力逐步得到提升，在不同模式背景下的创新频率也会有所差异，同时由于不同企业具有不同的多元产品和多元技术背景，也就使得产品系统集成过程呈现不同的轨迹。另外，在样本数据中，装备制造企业采用模块更替型模式的比重最高，其次是内部一体化型，许可改进型最低。在此基础上，通过分析发现，企业基本上可以通过三种典型路径实现模块更替型模式，具体如图 5-3 所示。

需要指出的是，模块化不是技术演化的最终状态，需要考虑技术进步的动态性。这是因为，一旦模块化产业出现，会形成一个高度复杂的互补提供商结构，其产品互补并扩展了产品系统的价值。然而，

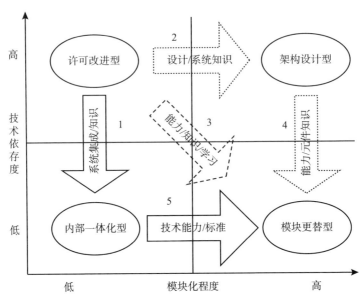

图 5 - 3   装备产品集成创新模式选择的实现途径

具有高度互补性的系统知识说明系统将会很难改进。只要模块和系统剩余部分之间的边界关系不损害，在系统内的模块创新能够继续产生，则系统层次的创新变得日益困难。每个架构有其自身的技术绩效的极限。切萨布鲁夫和库苏诺基（Chesbrough & Kusunoki，2012）提出了一个模块化的动态周期模型，认为产业演化的转移要求技术架构在模块化和相互依赖状态之间循环。随着产业的演化，架构将会最终达到极限。产品系统元件的技术产出也会达到它们的理论极限。早期，模块和子系统之间的连接可促使它们互相操作，现在则对它们运行的速度和方法产生了越来越严重的限制，产生刚性，使得来自既定模块关系下的架构产出也将会达到它的极限（MacCormack & Iansiti，2009）。因此，系统的分解促使模块化创新的发展，后来则制约了系统的进一步演化。系统层次的创新要求企业必须保留高水平的系统集成能力，即使企业在中间市场采购或供应模块。

（1）许可改进型→架构设计型→模块更替型

在某些关键技术缺失的情况下，企业首先采取许可证的方式进行生产，通过"干中学"掌握国外先进的设计理念和理解系统设计内涵，提高产品建构能力；在此基础上，运用所掌握的架构知识，对产品的架构进行创新，并控制产品详细设计，从市场上直接购买那些难以掌握或标准化的技术模块，迅速地开创新产品的利基市场；在已有产品的基础上，用户对产品的性能提出更高要求，企业通过在许可改进型和架构设计型创新过程掌握的有关领域知识，以及已有产品开发过程中所掌握的新知识，对产品关键模块的核心设计概念进行更替，其他通用模块则外购供应商控制的模块或与模块供应商联合开发，并同时对其技术进行渐进性改进。

在此路径下，企业通过一定量的研发投入，理解和掌握许可产品的设计规则和系统知识，提升自身的设计能力，利用已有的成熟技术，推出许可产品的衍生产品或新产品；在此基础上，逐渐掌握已有技术或研发新技术，实现模块更替型的装备产品集成创新模式，从而能够推出系列新产品。大连叉车拥有早年研发 CPCD 系列液力传动叉车的技术基础，此后适时地许可生产日本三菱 10～42 吨大型叉车和集装箱叉车，经过引进技术的消化吸收，现在已能够推出 1～45 吨全叉车品种。在此过程中，包括产品设计能力在内的技术能力得到大幅提升，随即自主推出了 CRS450Z5 集装箱正面吊运机新产品，取得了良好的市场反响。在此基础上，随着对外购技术模块中的核心设计概念的理解，大连叉车采用模块更替型集成创新模式推出了集装箱正面吊运机的系列产品 CRS450ABZ5 及 CRS450BBZ5 等，进一步满足了港口等用户的多样化需求。

（2）许可改进型→内部一体化型→模块更替型

在产品关键技术缺失的情况下，企业首先采取许可证的方式进行生产，通过"干中学"掌握国外先进的设计理念和理解系统设计内涵，提高产品建构能力；企业已具有较强的产品开发能力，表现在技术监测、产品架构及设计等方面，同时大部分模块不能够通过市场来获得，这时需要企业掌握与产品有关的架构知识、元件知识以及系统集成知识，才能够对有关技术模块和整个系统进行生产和集成；随着某些模块之间接口的标准化和技术的成熟，模块能够单独实现所要求的功能，促进了行业内的专业化模块供应商的出现。在原有产品基础上，用户对产品的性能提出更高要求，企业通过相关能力的长期积累和对新知识的探索，对产品中某些关键模块的核心设计概念进行修改或运用新技术替换现有模块，从而进入模块更替型模式。

在此路径下，企业通过大量的研发投入，理解和掌握许可产品的元件知识、元件与子系统间的反馈知识及系统知识，提升自身的研发能力，利用新的替代技术，推出许可产品的衍生产品或新产品；在此基础上，逐渐形成更强大的设计能力，实现模块更替型的装备产品集成创新模式。华锐风电在 2004 年以生产许可证的形式从德国富兰德公司引进 FL1500 系列风机的成套技术，产品经过企业的二次开发和再创新，在 2006 年推出了满足本土需求的 1.5 兆瓦风电机组，实现了批量化和规模化生产。在研发能力提升的基础上，华锐风电由奥地利 Windtec 公司提供技术支持，在 2009 年推出了 3 兆瓦华锐 SL3000 风电机组，设计能力得到了快速发展。技术能力的大幅度提升，促使企业采用模块更替型集成创新，自主设计和制造了系列 3 兆瓦及 5 兆瓦海上大型风电机组。①

---

① 第 3 章、第 4 章和第 5 章涉及案例相关资料描述，来源于个人现场访谈、企业内部资料（如企业介绍、产品介绍资料）、实证结果与产品创新实践的思考所得整理而成。

（3）许可改进型→模块更替型

这条路径要求企业在短期内实现与产品开发有关能力的快速提升，需要人才、研发支出等资源的大量优质投入，以及与产品实现商业化所需要的互补能力，具有一定的难度。通过许可生产中的"干中学"，同时企业给员工制造一些危机，刺激员工迅速掌握产品的元件知识、架构知识以及系统集成知识，快速提升企业的技术创新能力。另外，在跟踪技术发展趋势的基础上，通过跨部门团队内部员工之间相互学习、沟通来进行新知识的探索，提高解决问题的能力，产生新知识，从而能够掌握模块的核心设计概念并进行更改，实现模块更替型的集成创新。

在完善的管理体系和物理技术系统基础上，此路径需要企业投入大量的研发资金，才能掌握许可产品跨学科的元件知识、架构知识以及系统知识，提升自身的研发能力和设计能力，才能推出许可产品的衍生产品或新产品，从而实现模块更替型的装备产品集成创新模式。一汽大柴在由德国道依茨提供技术支持的情况下，生产出满足欧Ⅲ标准的道依茨系列许可产品，随着在已有产品领域的学习行为和创新活动，企业逐渐掌握了某些模块的核心设计理念，对曲轴、凸轮轴及电控供油系统等模块进行更替来生产满足本土需求的柴油机产品，相继推出了更多的天然气系列、F系列及E系列等新产品。

## 2. 模式选择路径实现的影响因素分析

（1）多元化外部技术来源

科技全球化趋势使得各种外部技术资源的影响日益增强，行业内领先企业技术垄断的优势逐渐被瓦解，知识和技术以前所未有的速度在全球范围内扩散和转移，促使了企业封闭式创新模式向开放式创新模式的转变。而装备产品由大量的子系统和元件构成，其技术深度和宽度超过大规模制造产品，需要从外部集成大量的技术。在此背景下，竞争优势赋予那些擅长利用各种契约形式及与它们关联的不同组织进行技术集成的企业，从而使得外部技术来源逐渐成为企业和产品层次的一个重要战略。当前，企业的产品被嵌入到日益复杂的技术网络中，大大减少了单个企业完全主导新技术的机会，企业没有必要也不可能掌握关于产品开发和生产的全部技术领域知识，这就要求企业必须能够善于利用外部技术资源。当前，研发的外部技术来源集中地被那些自身具有内部研发部门的企业所使用。弗里曼和苏特（Free-man & Soete，2012）指出，外部技术来源是科学和技术信息的重要辅助和互补来源，而不是企业内部创新活动的替代。本书发现，一些企业通过传统产品领域的工艺技术积累和新兴产品领域的设计能力提升，实现了自有技术的成长。

在很多方面，多元化的技术能够增加企业的收入。因为同样或类似的技术可以应用到许多产品中，可以产生静态的规模经济。而且相对于知识创造的固定成本而言，知识应用的变动成本较小。当技术在企业的许多产品领域都有应用时，规模经济是显著的，对于大多数的普通技术而言都是如此。同时，技术在应用很多次以后不仅不会被消耗或用完，企业可通过"用中学"，技术会不断地得到改进，这就形成了一种动态的规模经济，而且不同的技术存在相互补充的可能，可产生新的技能或提高工艺性能，这在一定程度上形成了"范围技术经济"。这种与多元技术有关的装备产品依赖于特定的、能组合集成的技术，而且随着时间而动态变化，还依赖于企业内部的技术进步。

多元化外部技术来源能够克服产品集成创新过程中的技术"短板效应"。奥夫·格兰斯特兰德和霍尔格松（Ove Granstrand & Holg-ersson，2020）认为，在产品研发过程中技术多元化不仅使新一代产品融入更多昂贵的技术，而且也产生了更加昂贵的研发工作协调费用，并指出多技术产品的技术管理强调技术扫描工作和其他形式的外部技术来源、集成创新与模仿、技术协同与融合、组成跨学科研发团队、避免非我发明（Not – Invented – Here）效应以及全面的沟通与协调。目前，产品技术的复杂性和保护主义都大大增强，需要庞大的创新生态系统来支持产品创新，而国内企业的技术能力与占据主导地位的跨国公司存在显著差距，需要充分吸收与利用外部的技术知识和市场知识，形成自己独特的技术能力，从而能够有效地克服技术瓶颈。在不同模式下的产品开发过程中，企业都遇到了难以逾越的技术和设计瓶颈，如 CRS450Z5 正面吊运机的液压技术和吊具技术、8K90MC – C 船用柴油机的关键技术和架构设计、HXD3B 型电力机车的 IGBT 变流器技术及 CHD25 车铣复合加工中心数控系统技术等。为此，企业在世界范围内进行技术搜寻和市场调研，利用不同的技术契约组织形式，集成外部的技术来源和领域知识，获取那些我们并不擅长或者商业化很成熟的技术，并根据自己的优势选择不同的产品集成创新模式，以生产出满足用户个性化需求的产品。

多元化外部技术来源能够降低企业市场进入的壁垒。跨国公司掌握着行业的核心技术，并占据高端市场，拥有充足的创新条件和市场资源，而国内企业在产品集成创新过程中面临着许多关键技术和基础技术差距，只能处于微笑曲线的低端，充当产品加工者的角色，很难进入装备制造产业价值链中的产品研发、系统设计和营销高端位置。对于处在技术追赶过程中的国内企业而言，某些关键技术的获取需要凭借国内大市场优势，通过并购、许可及研发合作等多种契约形式与外部技术能力进行结盟，才能快速地推动新装备产品的开发。这促使越来越多的装备制造企业移向开放的技术标准，促使有用知识跨边界转移。HXD3B 型交流电力机车关键技术的获取，就是企业在政府部门的协调下与加拿大庞巴迪联合研制，学习和掌握国外先进技术和设计理念。同时，技术对于企业竞争优势的确立与保持越来越重要，领先创新者逐渐强化对所拥有的关键技术的保护，从技术市场上比较难获取到具有竞争力的科技成果，也使得一些企业对关键技术的模仿越来越困难。外部技术资源作为与技术接受方非竞争关系的技术提供方，对技术不存在保留性，从而有助于装备制造企业克服制约产品开发和技术能力成长的技术瓶颈，同时也能够防止企业陷入单一技术来源在模块化动态演变过程中某个阶段产生的"模块化陷阱"。

（2）知识的学习与积累

目前，新装备产品的研发更多的是对跨学科领域知识或已有知识的集成。具有多元化的技术来源并不等于技术能力的提高，合理的技术来源可以将知识转移给技术接受方，但是知识可以转移，技术能力却不能转移。技术能力由核心能力、能动能力及附加能力组成，其中核心能力是迅速地将技术知识应用于产品和工艺的能力，它是长期知识积累形成的。它是企业的一种存量和资源，技术存量是企业现有的技术知识基础、物理体系等资源状况，同时技术能力发展是一个积累性的、渐进的学习过程。企业在创新实践中，通过"干中学"不断学习和探索来获得和积累新的知识经验，增强企业的技术积累，提高企业的技术能力。同时，在寻求外部技术的来源活动中，通过技术扫描、技术看门人以及跨边界人才等渠道，掌握相应的知识和技能，形成相应的技术积累，来进一步提升企业的技术能力，这所有的过程离不开知识的学习与积累。

装备产品包含的知识可以分为元件知识、架构知识以及系统知识。知识积累过程能够概念化为两个主要成分：一是知识搜寻机制；二是在这种搜寻机制的范围内能够发挥作用的工具选择。知识积累的实质就是对不断出现的问题进行解决的周期性活动。大量的问题解决经验和知识储备的增加，促进了企业的学习。经验和试验通过不同的途径对知识积累的过程产生影响。为了更好地搜寻包括市场、技术、政策等方面的资源，企业会利用先前在相关领域已获取的知识和经验。企业获得经验和积累相关的知识，会提高它们将来的知识搜寻效果和技术选项选择过程。不同形式的经验能够产生至少三类有用的知识，即洞察哪些问题最值得解决，更好地理解搜寻工具，以及解决方案的信息最有可能在哪里被发现。每类知识可以分割充当学习的形式，以及学习在何处产生和被存储。尤其是新工艺技术在产品制造过程中的应用，会更加聚焦生产过程中需要解决的问题，直接积累了相关的经验，这对于后续项目的顺利开展必不可少。新工艺技术应用的制造经验，使企业更加直接聚焦与实际制造问题相关的问题。大连叉车积极利用其在叉车设计和制造方面所积累的经验，对叉车产品进行架构和功能的变形设计，并能够快速地对某些关键技术模块进行搜寻、选择及集成，实现 CRS450Z5 型正面吊运机产品的知识积累。研究发现，在 CRS450Z5 正面吊运机、HXD3B 电力机车及 CHD25 车铣复合加工中心等产品开发过程中，与用户的合作对知识的积累也很重要。为此，大量的技术经验能够促使装备制造企业缩小不同知识的搜寻范围，提高了寻找到潜在解决方案的可能性，降低了市场知识和所需技术的搜寻时间和成本。

以高度复杂性为特征的装备产品开发项目表明，可通过组织流程来集成特定情境项目的经验，这些经验提高了企业对搜寻过程自身的理解。这些知识能够在与各种搜寻策略有关资源分配变化中体现出来，例如从基础研究转移到应用研究，或者工具选择的变化、不同的测试技术（模拟或建立原型）等。装备制造企业发现这些方法会持续地产生更好的产品测试结果，会不断地寻找不同方法与专业测试工具利用之间的平衡。在这种情况下，学习通常由企业的管理人员驱动，由于大部分新知识是隐性知识，通常会被所采用的试验设备或生产工具俘获。类似地，装备产品系统解决方案的知识很可能被发现来源于以前技术选项的经验或技术选项的基本科学基础，这些经验能够增加企业开发新产品的自信心。

除了经验积累能够增加产品开发所需要的技术知识外，装备制造企业还通过开展试验来积累知识，尽管试验不一定能够保证产生高的产品绩效。特别是在面对装备产品开发环境中的技术新颖性和复杂性，企业仍需要进行大量的试验活动。试验是任何产品研发项目的必要阶段，进行广泛的试验是有价值的，因为它不仅能够渐进地扩展试验知识，而且能够更好地认知新颖的事物。产品研发可以看作是一个反复的问题解决过程，企业产品开发执行的每个阶段越快，问题解决得也就越快。然而，来自试验的收益不仅仅在于问题解决的速度，也产生于搜寻的宽度，这有助于打破由经验所增强的新产品概念惰性。例如，大连机床利用面向高精度的制造和装配工艺方法，借助专用加工工装、调整和检测仪器设备等制造设备，对 CHD25 型加工中心数控机床进行总装，并通过有限元力、热、模态、动刚度等测试技术和工具对不同技术模块和样机进行各项功能测试。因此，装备制造企业在新颖和复杂的环境中进行试验的宽度和多样性应该超越由经验所限制的空间，进而由企业所拥有试验设备的能力体现出来。

广泛的试验是有价值的，因为它不仅能够渐进地拓展试验性知识，而且能够对新颖产品解决方案做到完全识别。另外，在创新过程中，企业可以同时利用不同的测试方法和工具对产品进行试验。由于用户对 8K90MC－C 船用柴油机运行环境和技术的高要求，使得8K90MC－C 船用柴油机不同模块之间的接口更加匹配，也随之提高了生产工艺的复杂性。为了生产出高可靠性的产品，大连船柴利用不同测试技术对模块研制过程中出现的问题，进行了无数次的检查，快速地解决上述问题。这些趋势使得企业更加容易和有效率地扩展以前相对狭窄的试验范围，提高了新产品试验能力，确保了更加可靠、性能更加完善的新装备产品的研制。

（3）产品建构能力

装备产品具有某些复杂产品系统的特征，表现出高度的用户定制化。面对用户需求和技术体系的快速变化，企业进行产品概念建构，必须要迅速且系统地对市场需求进行调查和研究以及用户对产品性能的特殊要求。建构能力使企业以灵活的方式通过集成利用元件知识，发展新的元件知识和建构能力。在这个过程中，企业通过创造和集成已有产品的市场知识来决定新产品的市场和技术定位，而市场知识主要体现在企业对相关领域技术发展趋势和市场需求变化的密切跟踪。彼得·德鲁克（Peter Drucker，2019）提出，在新经济中，企业的创新能力取决于企业从外部组织获取知识的能力。一个企业可能拥有生产产品的某一特定知识，但它不一定拥有所有相关知识。借助外部学习，企业填补其在技术、管理及市场等方面的知识空白，进而不仅把其他领域已知的知识应用于新领域，而且通过运用这些想法拓宽解决问题的思路，可以促进新知识的产生。当前，装备制造企业越来越依赖于用户、供应商及其他互补企业或机构来获取更多的外部技术和市场知识，也促进了新产品后期开发活动的顺利进行。

产品架构把产品的功能要素分配给产品的实体构建单元，构建单元的详细设计和测试工作需要分配给不同的小组、个人或者供应商来完成。由于装备产品开发涉及的技术多元化且复杂，在产品概念设计中所要解决的问题主要是产品系统层次的设计，在这个过程中，企业对国外先进产品原型的识别非常关键。产品原型的合理使用在装备产品开发中发挥了重要作用，实际上它为产品开发周期中每个阶段所遇到难题的解决提供了基础。即使是对同一产品，不同使用环境的影响，不同用户对相同功能的产品的技术参数要求也不同，在此基础上研发团队形成一种或多种产品架构体系的综合解决方案，市场中的产品原型有助于获取不同用户群体的反应和刺激市场需求，而且在解决问题的过程中能综合不同方面的建议。在产品建构过程中，企业基于市场知识来识别需求，基本确定所需产品概念开发的未来方向，在此基础上所进行的产品技术架构体系层次的划分与评价是决定产品开发技术方案是否具有可行性的关键所在。在这个阶段，清晰界定技术模块所要解决的并不是详细的产品开发技术问题，而是要根据装备产品的复杂产品系统特征，将新产品所需技术进行系统层次建构，为评价新产品技术方案的可操作性和选择适宜的装备产品集成创新模式奠定基础。

面对装备产品多技术、多元件的特点，企业没必要从事每个环节的生产，可以通过技术系统的模块划分把标准化和非专长元件外包给专业模块供应商，然后将技术模块集成嵌入新产品中，从而企业可以将业务范围聚焦到自己的核心领域，使其更具竞争优势，但是企业要保持大量的关于模块设计和生产的知识，以便更好地对模块进行重新组合。正如牛津大学赛德商学院（Said Business School）管理学研究教授酒向真理（Sako，2003）研究指出，许多企业转向模块化战略来解决技术复杂性和运营效率的需求。装备产品模块化将主要子系统和元件外包给一级和二级供应商，允许系统集成商向价值链下游移动，更直接地服务终端用户，从而更好地满足用户的个性化要求。笔者的团队调研发现，许多装备制造企业开始应用模块划分的方法对产品开发过程中技术系统进行建构，这为选择不同集成创新模式创造了条件，也凸显出企业模块化建构能力的重要性。

技术选择决定新产品竞争力，不同技术的模块化程度不同，这就需要开发人员能够了解装备产品的基本设计原理和技术领域知识，进而对组织战略层面的技术吸收能力提出不同要求。企业通过跨组织合作从外部获得资源或知识，进行内化和利用，不仅能够实现杠杆化成长，还能产生新知识，有利于企业构建组织间合作能力，进而提高组织间学习与合作的效果及关系专用性的质量。在装备产品开发过程中，企业积极地与用户及供应商进行交互式沟通，能够快速地学习、吸取、转化并应用它们在需求和应用实践中掌握的技术知识，在提高合作网络整体质量的同时满足组织间的技术要求，从而促进不同集成创新模式的选择。在HXD3B电力机车案例中，从产品概念测试到对产品投放市场的整个过程中，大连机车邀请其用户铁道部参与到新产品的详细工程设计中，同时又与模块供应商共同确定模块方案分析、工艺参数制定和坯料尺寸设计等工作，更加强调模块的更新与替代，对某些模块的关键技术进行模块化集成，使得HXD3B产品的开发更具针对性，直接满足用户的需要，增强企业的竞争能力。

（4）系统集成能力

在装备产品创新过程中，系统集成能力是一种重要的技术、战略以及组织能力，它是装备制造企业在市场上获得竞争优势的关键。产品的系统集成具有两面性。一方面是企业开发和集成生产新产品时的内部投入活动。另一方面是为了生产更加复杂的产品和服务，企业需要集成其他组织的元件、技能以及知识所涉及的外部活动。这些组织包括供应商、用户、政府机构、管制机构和生产合作伙伴，以及某些时候与企业在产品项目中合作与竞争的对手。系统集成往往以项目为基础，这是由于每个产品系统在某种程度上为用户定制的，所包含的任务在不同产品之间具有异质性。不同于大规模制造产品，用户经常需要和标准及管制机构参与到装备产品的创新和系统集成过程中。作为产品系统的提供商，装备制造企业的主要任务之一是把由其他参与生产的组织所提供的不同种类的技术、知识以及硬件有效地集成在一起。系统集成促使装备制造企业确立在产业价值链中的边界和位置，并决定与哪些组织竞争和合作，以及哪些元件或子系统自制和外包。

系统集成商在创新网络中处于主导地位，负责协调企业间的相互关系，集成由不同企业开发的子系统和元件技术知识。许多世界领先的企业基于系统集成形成一种新的产业组织形态，这些企业构建设计能力和系统集成能力，同时管理与之关联的模块和子系统供应商网络，而不是在企业内部执行所有的生产任务。从工程设计实践到一种战略商业活动，系统集成已经超过其原有简单的技术和操作任务，逐渐成为装备制造企业的核心能力，演变为一种竞争优势。系统集成作为一种技术能力，促使企业、政府机构、管制者，以及许多其他的参与者将产品系统的所有必要输入进行确定和组合在一起，对未来产品系统的开发路径达成一致。

从企业能力的狭义角度来看，系统集成通过把装备制造企业与其他组织的高技术元件、子系统、软件、技能、知识、工程师、管理者以及技术人员集成在一起，生产与其他供应商相竞争的产品，它强调新装备产品的开发和导入，它与产品模块的生产和竞争是否在企业内部、外包或合作的决策紧密相关，它同时通过横跨产业的垂直一体化和非一体化过程来促使企业有选择地在市场的上游或下游进行移动以获得市场竞争优势，从而灵活地对生产和创新任务进行分配。当前，系统集成能力已使得装备制造企业把传统产品与软件及服务捆绑在一起，为用户提供长期的一整套问题综合解决方案。然而，系统集成能力不仅仅是外包的对应物，而是一种同时管理外包和合作来源以及内部生产的能力，促使装备产品生产企业在产品生命周期的不同阶段同时获得外包和垂直一体化两者的优势。

装备制造企业为提供更加复杂的产品，通常购买国际先进水平的设备来获取关键技术，并集成不同种类的元件、技术及其他组织的知识，从而能够在较短的时间内开发出满足市场需求的产品，但这离不开企业对自身技术基础和互补能力的长期培育。贝斯特（Best，2003）认为，系统集成商企业的关键角色是利用存在于其他企业的技术能力。因此，装备制造企业在产品集成创新过程中不应只注重"集成"本身，而应该通过集成逐渐了解和掌握产品的物理特性、技术层级相互关联的程度和复杂性以及设计要求，在不同装备产品之间进行系统知识学习并在组织内部实践，从而转化成系统集成商自有的核心技术与核心能力，从合作网络商业生态系统的角度实现产品的集成创新。

　　由于装备产品融入许多新技术、元件及软件程序，它们变得更加复杂和难以设计、生产以及操作。我们从静态和动态两个角度分析系统集成能力，静态系统集成能力指企业在现有产品架构下，构建产品概念、系统设计及系统分解，协调和集成内外部创新资源的能力，能帮助企业在短期内维持竞争优势；而动态系统集成能力指企业开发新产品架构，以及协调新的和已出现的技术知识体系的能力，并指出没有单独的工程学科能够处理概念、设计以及这些系统的构建，它能够帮助企业获得长期竞争优势，使企业跟随技术发展动态不断提高创新能力。在8K90MC－C创新案例中，系统集成任务主要在企业内部完成，它包含一个高度复杂且由许多不同步骤组成的过程，每个步骤都会影响最终产品的产出、成本及质量。在系统集成过程中，重要的是需要设计与制造部门紧密地联系，并伴有大量的无形与有形资产投入到产品的生产中。同时，专业化模块供应商在不同类型模块研制方面具有竞争优势，企业通过识别供应商来选择不同的集成创新模式，有利于摆脱"模块化陷阱"。由于该产品具有典型的复杂产品系统特性，那些传统的单一学科，线性"抛过墙"的系统开发方法，不再适应。企业通过建立跨学科的科学家和工程师团队共同工作，运用系统集成技能和同步工程方法，对8K90MC－C产品系统进行优化设计、工程设计开发、生产以及运营和成本控制，促进了基于项目的新型组织结构的发展。

##  5.4 本章小结

根据实地调研和案例分析，提出了装备产品集成创新模式选择的原则及依据。通过问卷调研，揭示了装备产品技术来源的分布规律，其结果表明，企业内部研发是本土装备产品的主要技术来源，用户和技术标准是装备产品开发技术来源的重要补充。在样本数据中，企业选择模块更替型模式进行装备产品开发所占比例最高，为49.6%，而许可改进型模式最低，仅为8.5%。一个技术演变的生命周期中，在产品主导设计基本确定的情况下，针对装备产品的开发，技术模块化是最终的选择，也是整个产业标准化的结果。结合案例分析，在模式选择原则及依据的基础上分析表明，企业集成创新模式有效选择的实现有三种典型路径。

（1）许可改进型→架构设计型→模块更替型。在关键技术缺失的情况下，企业首先选择许可证方式进行生产，通过"干中学"掌握国外先进的设计理念和理解系统设计内涵，提高产品建构能力，在此基础上，对产品的架构进行创新，并控制模块的详细设计，从市场上直接购买那些技术难以掌握或通用的模块，迅速地开创新产品的利基市场；在已有产品的基础上，用户对产品的性能提出更高要求，企业通过在许可改进型和架构设计型创新过程中掌握的有关领域知识，对产品关键模块的核心设计概念进行更替，其他则通过市场购买供应商研制的模块或与模块供应商联合开发模块。

（2）许可改进型→内部一体化型→模块更替型。在产品关键技术缺失的情况下，企业首先选择许可证方式进行生产，通过"干中学"掌握国外先进的设计理念和理解系统设计内涵，提高产品建构能力；企业已具有较强的产品开发能力，但由于大部分模块不能够通过市场获得，需要企业自身掌握与产品有关的架构知识、元件知识以及系统集成知识，才能够对有关技术模块和整个系统进行生产和集成。随着某些模块之间接口的标准化和技术的成熟，行业内的标准化模块供应商出现；随着用户对产品的性能提出更高要求，企业通过相关能力的长期积累和对新知识的探索，对原有产品中某些关键模块的核心设计进行修正或运用新技术替换现有模块，从而进入模块更替型。

（3）许可改进型→模块更替型。此路径要求企业在短期内实现与产品开发有关能力的快速提升，需要人才、研发支出等资源的大量优质投入，以及与产品成功实现商业化所需要的互补能力，具有很高的难度。通过许可生产中的"干中学"，同时企业给员工制造一些危机，刺激员工迅速掌握产品的元件知识、架构知识以及系统集成知识，提升企业的技术能力。在跟踪技术发展趋势的基础上，通过跨部门团队内部员工之间的相互学习、沟通来进行新知识的探索，提高员工解决问题的能力，产生新知识，进而使员工能够掌握模块的核心设计概念并进行更改，实现模块更替型的集成创新。

# 第6章

# 结论与展望

## 6.1 主要结论

在创新资源和技术基础处于弱势地位的背景下，装备制造企业开展集成创新面临着有效模式选择的问题。基于此，本书采用理论研究和实证研究，分析了装备产品集成创新模式的划分、关键因素识别及模式选择问题。

（1）基于技术依存度和模块化程度两个维度，提出了架构设计型、模块更替型、内部一体化型以及许可改进型四种集成创新模式；通过多案例研究对不同的集成创新模式进行了比较分析。在对CRS450Z5集装箱正面吊运机、HXD3B货运电力机车等装备产品开发项目创新案例研究的基础上，结合技术集成、复杂产品系统理论以及模块化理论，通过分析表明，四种模式下的装备产品集成创新过程由市场和用户需求调研、产品原型识别与借鉴、系统功能分析与设计、模块分解与外包、系统集成与试验，以及系统交付与服务等阶段组成，并最终向用户提供完整的产品和服务解决方案。这与陈劲和桂彬旺提出复杂产品系统模块化创新的六个阶段相似，但又有所不同，最大区别是他们提出的阶段划分没有包含产品原型识别与借鉴阶段。这个阶段对于处于技术追赶地位的本土装备制造业发展来说比较重要，许多企业通过借鉴国外的先进产品原型，快速地掌握了先进的设计理念、工艺方法及工具，进行新产品的开发。

分析也表明，架构设计型强调对产品系统的设计规则进行建构，关键技术模块外购，同时对外购模块的领域知识具有一定程度的了解；模块更替型是在对产品架构进行控制和外包模块领域知识了解的情况下，更多地聚焦于模块核心设计概念的更新，以获取更多价值；内部一体化型则是对产品的设计、模块研制以及系统集成等任务，大部分集中在系统集成商内部进行，并对少量的模块进行外包；许可改进型是在产品技术授权和相关技术知识了解的基础上，主要是在企业内部通过研发人员之间的持续性交互式学习对其设计、技术或专有模块进行渐进性改进，从而推出满足细分市场的新产品。

（2）在理论和案例研究的基础上，构建了装备产品集成创新模式的形成过程模型，通过统计分析识别了装备产品系统集成创新的关键因素。以现场发放方式进行问卷调查，通过对取得的194份样本数据进行因子分析和回归分析，对装备产品创新过程关键因素的研究发现：第一，市场知识能力、模块化、技术吸收及内部集成等因子所包含的影响因素对装备产品集成创新绩效均有正向影响，市场知识能力、模块化及技术吸收等因子所包含的影响因素通过中介变量内部集成对不同模式下的产品创新绩效产生间接影响，内部集成因子对创新绩效有显著的正向影响；第二，装备产品的创新还应该注意产品架构和元件知识学习、模块化程度、试验能力等关键因素的影响。本书所识别的装备产品项目集成创新过程的关键因素，一方面可以作为第5章模式选择研究的基础，另一方面也可作为企业开展装备产品集成创新工作的参考。

（3）在装备产品集成创新模式提出和关键因素识别的基础上，提出了模式选择的原则和依据；基于数据分析，探查了装备产品技术来源的分布规律，并进一步提出了不同模式之间有效选择的三种实现路径。数据分析表明，企业内部研发本土装备产品的主要技术来源，用户和技术标准是装备产品开发技术来源的重要补充。在样本数据中，企业选择模块更替型模式进行装备产品开发所占比例最高，为49.6%；许可改进型模式最低，则为8.5%。一个技术演变的生命周期中，在产品主导设计基本确定的情况下，针对装备产品的开发，技术模块化是最终的选择，也是整个产业标准化的结果。随着企业问题解决能力的提高和新知识的产生，新产品开发的能力逐步得到提升，在不同模式背景下的创新频率也会有所差异，同时由于不同企业具有不同的多元产品和多元技术背景，这就使得产品系统集成呈现不同的演变轨迹。通过分析表明，不同模式之间的选择可以通过以下三种典型路径实现。

第一，许可改进型→架构设计型→模块更替型。在关键技术缺失的情况下，企业首先选择许可证方式进行生产，通过"干中学"掌握国外先进的设计理念和理解系统设计内涵，提高产品建构能力，在此基础上，对产品的架构进行创新，并控制产品的详细设计，从市场上直接购买那些技术难以掌握或通用的模块，迅速地开创新产品的利基市场；在已有产品的基础上，用户对产品的性能提出更高要求，企业通过在许可改进型和架构设计型创新过程中掌握的有关领域知识，对产品关键模块的核心设计概念进行更替，其他模块则由专业供应商提供或与模块供应商共同研发。

第二，许可改进型→内部一体化型→模块更替型。在产品关键技术缺失的情况下，企业首先采取许可证方式进行生产，通过"干中学"掌握国外先进的设计理念和理解系统设计内涵，提高产品建构能力；企业已具有较强的产品开发能力，表现在技术监测、产品架构以及设计等方面，但大部分模块不能够通过市场来购买，需要企业自身掌握与产品有关的领域知识，才能够对有关技术模块和整个系统进行生产和集成，随着某些模块之间接口的标准化和技术的成熟，促进了行业内的标准化模块供应商的出现；随着用户对产品的性能提出更高要求，企业通过相关能力的长期积累和对新知识的探索，对原有产品中某些关键模块的核心设计进行修正或运用新技术替换现有模块，从而进入模块更替型模式。

第三，许可改进型→模块更替型。此路径要求企业在短期内实现与产品开发有关能力的快速提升，需要人才、研发支出等资源的大量优质投入，以及与产品成功实现商业化所需要的互补能力，具有很高的难度。企业通过许可生产中的"干中学"，同时在内部制造一些危机，刺激员工迅速掌握新产品的元件知识、架构知识以及系统集成知识，提升企业的技术能力。在跟踪技术发展趋势的基础上，企业通过集成团队内成员之间的相互学习、沟通来进行新知识的探索，提高解决问题的能力，产生新知识，从而能够掌握模块的核心设计概念并进行更改，实现模块更替型的集成创新。

## 6.2 局限性分析

由于时间、资料收集以及笔者能力的限制，本书尚存在一定的局限性：

（1）样本选择的局限性。考虑到实地调研的可行性和访谈人员问卷填写的积极性，本书的问卷调研地点局限于东北地区的装备制造企业，收集的样本比较缺乏普遍性和代表性，在一定程度上影响了统计分析和案例研究的效果。因此，在后续研究中，需要增加调研样本选择的地域，以提高研究的外部效度。

（2）集成创新模式划分的局限性。本书在装备产品集成创新模式研究的过程中，由于笔者缺乏相关的工程和专业技术背景，仅通过相关文献、现场观察及技术资料查阅等手段，选择技术依存度和模块化程度两个维度，定性地对集成创新模式进行了划分。因此，模式的划分具有一定的局限性。

##  6.3 研究展望

（1）集成创新模式划分维度的测量，需要进一步开展研究。本书只是从定性的角度基于技术依存度和模块化程度对装备产品的集成创新模式进行了划分。为了使研究更为严谨和科学，可以对两个维度构建数学模型，从定量角度，结合产品开发所集成的不同技术来源途径和产品物料单（BOM）对集成创新模式的分类进行深入研究。

（2）技术标准是重要的技术来源途径，它能够使企业开发的新产品满足国内外市场准入的要求。研究中发现，技术标准是装备产品开发中除内部研发之外的重要技术资源之一。近年来，在通信、电脑和消费电子产品（3C产品）中，技术标准的制定和标准产业化引起了广泛的关注，并日益成为企业参与市场竞争的一把利器，因此，可以对装备制造业中的标准发展、制定及产业化等方面展开深入研究。

（3）进一步扩展研究对象的宽度。本书主要选择了传统的装备制造行业，较少涉及与 IT 行业有关大型复杂产品系统，如通信网络系统、交通控制与车辆调度系统等，通过运用规范的案例研究方法，对传统复杂装备产品与大型 IT 产品系统的创新过程的不同模式进行案例比较，可使研究结果更加鲜明，这也是下一步要研究的问题。

# 附录 A 装备制造业行业类别

| 行业代码及名称 | 行业类别代码及名称（中类） |
|---|---|
| 3500 通用设备制造业 | 3510 锅炉及原动机制造 |
| | 3520 金属加工机械制造 |
| | 3530 起重运输设备制造 |
| | 3540 泵、阀门、压缩机及类似机械的制造 |
| | 3550 轴承、齿轮、传动和驱动部件的制造 |
| | 3560 烘炉、熔炉及电炉制造 |
| | 3570 风机、衡器、包装设备等通用设备制造 |
| | 3580 通用零部件制造及机械修理 |
| | 3590 金属铸、锻加工 |
| 3600 专用设备制造业 | 3610 矿山、冶金、建筑专用设备制造 |
| | 3620 化工、木材、非金属加工专用设备制造 |
| | 3630 食品、饮料、烟草及饲料生产专用设备制造 |
| | 3640 印刷、制药、日化生产专用设备制造 |
| | 3650 纺织、服装和皮革工业专用设备制造 |
| | 3660 电子和电工机械专用设备制造 |
| | 3670 农、林、牧、渔专用机械制造 |
| | 3680 医疗仪器设备及器械制造 |
| | 3690 环保、社会公共安全及其他专用设备制造 |

续表

| 行业代码及名称 | 行业类别代码及名称（中类） |
|---|---|
| 3700 交通运输设备制造业 | 3710 铁路运输设备制造 |
| | 3720 汽车制造 |
| | 3730 摩托车制造 |
| | 3740 自行车制造 |
| | 3750 船舶及浮动装置制造 |
| | 3760 航空航天器制造 |
| | 3790 交通器材及其他交通运输设备制造 |
| 3900 电气机械及器材制造业 | 3910 电机制造 |
| | 3920 输配电及控制设备制造 |
| | 3930 电线、电缆、光缆及电工器材制造 |
| | 3940 电池制造 |
| | 3950 家用电力器具制造 |
| | 3960 非电力家用器具制造 |
| | 3970 照明器具制造 |
| | 3990 其他电气机械及器材制造 |
| 4000 通信设备、计算机及其他电子设备制造业 | 4010 通信设备制造 |
| | 4020 雷达及配套设备制造 |
| | 4030 广播电视设备制造 |
| | 4040 电子计算机制造 |
| | 4050 电子器件制造 |
| | 4060 电子元件制造 |
| | 4070 家用视听设备制造 |
| | 4090 其他电子设备制造 |

续表

| 行业代码及名称 | 行业类别代码及名称（中类） |
|---|---|
| 4100 仪器仪表及文化、办公用机械制造业 | 4110 通用仪器仪表制造 |
| | 4120 专用仪器仪表制造 |
| | 4130 钟表与计时仪器制造 |
| | 4140 光学仪器及眼镜制造 |
| | 4150 文化、办公用机械制造 |
| | 4190 其他仪器仪表的制造及修理 |

注：根据国民经济行业分类与代码（GB/T 4754—2002）整理所得。

# 附录 B 调查问卷：装备制造业产品集成创新的模式研究

说明：本书致力于探查装备制造业产品集成创新的模式问题，以期为装备制造企业自主创新能力的提升和有效开展集成创新提供管理支持和理论指导。问卷采用匿名方式，您所提供的信息仅供学术研究，决不另作他用或向第三方披露。答案和选项无对、错之分，真实的意见和看法将有助于本书的研究高效完成。感谢您的支持！

请简要描述该产品（产品名称、型号、规格及主要功能）：

_____

_____

_____

_____

## 一、产品的技术创新程度（仅选一项）

| | |
|---|---|
| 对市场而言，该产品国内首创 | ☐ |
| 对本企业而言，该产品是全新产品 | ☐ |
| 该产品是现有产品线的延伸 | ☐ |
| 该产品是已有产品的改进 | ☐ |

## 二、装备产品集成创新模式形成过程的关键因素

| 1. 请您描述产品的市场知识获取程度 | 弱 | | 一般 | | 强 |
|---|---|---|---|---|---|
| 能够系统性地获取和分析用户及市场需求的信息 | 1 | 2 | 3 | 4 | 5 |
| 能够正确地选择新产品开发所需要的技术 | 1 | 2 | 3 | 4 | 5 |
| 能够迅速感知市场和行业的变化 | 1 | 2 | 3 | 4 | 5 |
| 能够了解行业内竞争者的技术、产品或服务的状况 | 1 | 2 | 3 | 4 | 5 |
| 2. 关于产品的模块化描述 | 弱 | | 一般 | | 强 |
| 能够准确进行产品的系统功能分析与分解 | 1 | 2 | 3 | 4 | 5 |
| 能够合理进行产品的模块化分解 | 1 | 2 | 3 | 4 | 5 |
| 能够合理设计模块界面及相应技术标准 | 1 | 2 | 3 | 4 | 5 |
| 能够有效制订各模块之间的系统集成方案 | 1 | 2 | 3 | 4 | 5 |
| 建立了相应的产品开发平台 | 1 | 2 | 3 | 4 | 5 |
| 3. 请您说明相关技术知识的吸收 | 弱 | | 一般 | | 强 |
| 企业注重对外部获取新技术的学习 | 1 | 2 | 3 | 4 | 5 |
| 有专门的人员或部门来筛选所需要的技术 | 1 | 2 | 3 | 4 | 5 |
| 具备丰富的先验知识，能很快理解已获得的技术和信息 | 1 | 2 | 3 | 4 | 5 |
| 企业形成了利用外部技术知识的程序 | 1 | 2 | 3 | 4 | 5 |
| 4. 请您描述企业产品创新的内部集成 | 弱 | | 一般 | | 强 |
| 根据项目需要建立了跨部门的集成团队 | 1 | 2 | 3 | 4 | 5 |
| 集成团队与生产部门保持紧密的联系 | 1 | 2 | 3 | 4 | 5 |
| 具备充裕的"T"型人才，能满足技术创新的需求 | 1 | 2 | 3 | 4 | 5 |
| 技术带头人能够直接影响新产品的开发和生产过程 | 1 | 2 | 3 | 4 | 5 |
| 拥有先进的试验设备 | 1 | 2 | 3 | 4 | 5 |
| 在新产品开发过程中能够形成自有的核心技术 | 1 | 2 | 3 | 4 | 5 |

| 5. 该产品的集成创新效果 | 弱 | | 一般 | | 强 |
|---|---|---|---|---|---|
| 新产品用户满意程度很高 | 1 | 2 | 3 | 4 | 5 |
| 新产品具有较高的市场占有率 | 1 | 2 | 3 | 4 | 5 |
| 开发新产品的速度比同行业类似产品快 | 1 | 2 | 3 | 4 | 5 |
| 公司高层领导对新产品开发的整体绩效比较满意 | 1 | 2 | 3 | 4 | 5 |
| 新产品的环境友好程度 | 1 | 2 | 3 | 4 | 5 |
| 6. 请您说明该产品对不同技术来源的利用强度 | 弱 | | 一般 | | 强 |
| 企业内部研发 | 1 | 2 | 3 | 4 | 5 |
| 设备、原材料、服务或软件供应商 | 1 | 2 | 3 | 4 | 5 |
| 用户 | 1 | 2 | 3 | 4 | 5 |
| 竞争者或产业内的其他企业 | 1 | 2 | 3 | 4 | 5 |
| 合同技术 | 1 | 2 | 3 | 4 | 5 |
| 与外单位（大学、公共研究机构）合作开发 | 1 | 2 | 3 | 4 | 5 |
| 合资或并购 | 1 | 2 | 3 | 4 | 5 |
| 技术、行业或服务标准 | 1 | 2 | 3 | 4 | 5 |

## 三、与产品开发项目有关的基本情况

1. 该产品所属行业：

□ 通用设备制造业　　　　　□ 专用设备制造业

□ 交通运输设备制造业　　　□ 电气机械及器材制造业

□ 通信设备、计算机及其他电子设备制造业

□ 仪器仪表及文化、办公用机械制造业

2. 在开发此项目之前，您具有多长时间的项目开发经验？

□ 3 年以下　　　　□ 3 ~ 5 年　　　　□ 5 ~ 10 年

□ 10 ~ 15 年　　　□ 15 ~ 20 年以上

3. 在开发此项目之前，您所参与项目的次数？

□ 3 次以下　　　　□ 3 ~ 5 次　　　　□ 5 ~ 10 次

□ 10 ~ 15 次　　　□ 15 次以上

4. 在开发此项目之前，您所主持过项目的次数？

□ 3 次以下　　　　□ 3 ~ 5 次　　　　□ 5 ~ 10 次

□ 10 ~ 15 次　　　□ 15 次以上

5. 您在公司的职位：

□ CEO/公司高层主管　　　　□ 研发（技术）中心主管

□ 项目经理　　　　　　　　□ 研发（技术）中心高级工程师

□ 研发（技术）中心工程师　□ 其他

再次感谢您的支持，恭祝身体健康、事业发达！

# 参 考 文 献

[1] 陈劲，桂彬旺．模块化创新：复杂产品系统创新机理与路径研究［M］．北京：知识产权出版社，2007．

[2] 陈娜，石磊，张春萍，等．产业集群集成创新动态演化研究［J］．商业经济研究，2016（17）：194－196．

[3] 陈晓红，蔡志章．顾客互动、市场知识能力和商品成功化程度研究——基于中国台湾地区数字产业的实证［J］．科研管理，2007，28（5）：94－101．

[4] 陈晓萍，沈伟．组织与管理研究的实证方法：第3版［M］．北京：北京大学出版社，2018．

[5] 崔淼，苏敬勤，王淑娟．后发复杂产品系统制造企业的技术演化：一个探索性案例研究［J］．南开管理评论，2012，15（2）：128－135＋142．

[6] 崔永梅，赵妍，于丽娜．中国企业海外并购技术整合路径研究——中国一拖并购Mc Cormick案例分析［J］．科技进步与对策，2018，35（7）：97－105．

[7] 代兴军，王明杰，王永良．HXD3B型交流传动电力机车概述［J］．电力机车与城轨车辆，2010，33（2）：1－4＋9．

[8] 德鲁克．21世纪的管理挑战［M］．朱雁斌，译．北京：机械工业出版社，2019．

［9］邓艳，雷家骕．国内外学者对"技术整合"的两种界定——相关文献的综述［J］．科学学研究，2007，25（A02）：205－209．

［10］蒂德，贝赞特．创新管理：技术变革、市场变革和组织变革的整合［M］．陈劲，译．北京：中国人民大学出版社，2020．

［11］窦红宾，王正斌．网络结构、吸收能力与企业创新绩效［J］．中国科技论坛，2010（5）：25－30．

［12］端木琳，李震，蒋爽．大连星海湾海水源热泵空调系统热扩散数值模拟研究［J］．太阳能学报，2008，29（7）：832－836．

［13］范公广，施杰．组织惰性与市场知识转移关系研究——吸收能力的中介作用［J］．科技进步与对策，2017，34（21）：111－117．

［14］高文．风电设备企业产业集成创新供应商选择指标体系研究［J］．中国管理信息化，2018，21（6）：68－70．

［15］郭亮，于渤，郝生宾．动态视角下的企业技术集成能力内涵及构成研究［J］．工业技术经济，2012（5）：11－18．

［16］贺俊，李伟，宋微．技术集成能力对复杂装备产品性能提升的影响研究［J］．东南学术，2021（1）：159－169＋248．

［17］胡晓鹏．产品模块化：动因、机理与系统创新［J］．中国工业经济，2007（12）：94－101．

［18］黄珺，文守逊．吸收能力与战略技术联盟的创新绩效［J］．技术经济，2009，28（12）：1－3＋21．

［19］江鸿，吕铁．政企能力共演化与复杂产品系统集成能力提升——中国高速列车产业技术追赶的纵向案例研究［J］．管理世界，2019，35（5）：106－125＋199．

［20］江辉，陈劲．集成创新：一类新的创新模式［J］．科研管理，2000，21（5）：31－39．

［21］江小涓．理解科技全球化——资源重组、优势集成和自主

创新能力的提升 [J]. 管理世界, 2004 (6): 4-13.

[22] 李春田. 模块化——标准化的高级形式——标准化形式的与时俱进 [J]. 中国标准化, 2007 (3): 64-70.

[23] 李凯, 李世杰. 装备制造业集群耦合结构: 一个产业集群研究的新视角 [J]. 中国工业经济, 2005 (2): 51-57.

[24] 李随成, 沈洁, 杨婷. 复杂产品系统集成解决方案理论综述 [J]. 研究与发展管理, 2009 (4): 10-17.

[25] 李巍, 许晖. 企业社会资本、市场知识能力与经营绩效的关系研究——社会网络的分析视角 [J]. 软科学, 2012, 26 (10): 93-98.

[26] 李文博, 郑文哲. 企业集成创新的动因、内涵及层面研究 [J]. 科学学与科学技术管理, 2004, 25 (9): 41-46.

[27] 李政. 创新与经济发展: 理论研究进展及趋势展望 [J]. 经济评论, 2022 (5): 35-50.

[28] 连蕾. 从技术模仿到技术集成创新再到技术自主创新研究 [J]. 科学管理研究, 2016, 34 (3): 80-83.

[29] 梁昌鑫, 贾廷纲, 陈孝祺. 国内外风电的现状和发展趋势 [J]. 上海电机学院学报, 2009, 12 (1): 73-77.

[30] 刘兵, 邹树梁, 李玉琼, 等. 复杂产品系统创新过程中产品开发与技术能力协同研究——以核电工程为例 [J]. 科研管理, 2011 (11): 59-62.

[31] 刘海兵, 阚玉月, 许庆瑞. 后发复杂产品系统核心技术突破机制——基于中国中车的纵向案例研究 (1986-2019 年) [J]. 中国科技论坛, 2021 (8): 48-58.

[32] 刘延松, 张宏涛. 复杂产品系统创新能力的构成与管理策略 [J]. 科学学与科学技术管理, 2009 (10): 90-94.

［33］龙勇，汪谷腾．模块化组织知识共享对创新绩效影响机制的实证研究［J］．管理工程学报，2018，32（3）：43－51．

［34］卢艳秋，施长明，王向阳．基于模块化理论的复杂产品知识管理模型研究［J］．情报理论与实践，2021，44（11）：143－149＋123．

［35］路甬祥．面向战略需求，推进集成创新［J］．机电工程技术，2002，31（1）：13－14．

［36］马庆国．管理统计——数据获取，统计原理，SPSS 工具与应用研究［M］．北京：科学出版社，2002．

［37］毛基业，陈诚．案例研究的理论构建：艾森哈特的新洞见——第十届"中国企业管理案例与质性研究论坛"会议综述［J］．管理世界，2017（2）：135－141．

［38］牟恕宽．铸铁机体 16V240ZJD 型柴油机的研制与开发［J］．铁道机车车辆，2003（A1）：30－35．

［39］慕玲，路风．集成创新的要素［J］．中国软科学，2003（11）：105－111．

［40］裴小兵．企业集成创新的要素与评价方法研究［J］．创新科技，2013（8）：32－33．

［41］青木昌彦，安藤晴彦．模块时代：新产业结构的本质［M］．上海：上海远东出版社，2003．

［42］尚晓燕，王永贵．组织市场上顾客知识体系的构成与测量——基于中国企业的实证研究［J］．管理评论，2015，27（2）：67－76．

［43］盛亚，王节祥，吴俊杰．复杂产品系统创新风险生成机理研究——利益相关者权利对称性视角［J］．研究与发展管理，2012，24（3）：110－116＋134．

［44］史宪睿．企业集成创新及其评价研究［M］．北京：北京师

范大学出版社，2010.

[45] 苏国萃，刘晋川，李海波 . 集装箱正面吊运机现状与发展研究 [J]. 港口装卸，2005（5）：37 - 39.

[46] 苏敬勤，刘静 . 复杂产品系统中动态能力与创新绩效关系研究 [J]. 科研管理，2013，34（10）：75 - 83.

[47] 王鉴忠，秦剑，周桂荣 . 顾客导向、竞争者导向、市场知识与新产品开发——基于产品创新性的差异比较研究 [J]. 科学学与科学技术管理，2015，36（10）：89 - 99.

[48] 王玉庭 . CRS450Z5 集装箱正面吊运机简介 [J]. 叉车技术，2002（4）：9 - 10.

[49] 魏江，王铜安 . 装备制造业与复杂产品系统（CoPS）的关系研究 [J]. 科学学研究，2007，25（A2）：299 - 304.

[50] 温忠麟，侯杰泰，张雷 . 调节效应与中介效应的比较和应用 [J]. 心理学报，2005，37（2）：268 - 274.

[51] 吴家喜，吴贵生 . 组织整合与新产品开发绩效关系实证研究：基于吸收能力的视角 [J]. 科学学研究，2009，27（8）：1220 - 1227.

[52] 吴正刚，韩玉启，宋华明，等 . 复杂产品的模块化制造战略研究 [J]. 中国机械工程，2005，16（20）：1826 - 1830.

[53] 辛自强 . 心理学研究方法：第 2 版 [M]. 北京：北京师范大学出版社，2017.

[54] 熊彼特 . 经济发展理论 [M]. 何畏，易家详，等译 . 北京：商务印书馆，2020.

[55] 徐建平，夏国平 . 我国装备制造业的国际比较及对策研究 [J]. 中国机械工程，2008，19（20）：9.

[56] 徐茜，吴彬，姜道奎 . 当代创新挑战与范式转换——对开

放式创新的理论评述 [J].科技进步与对策,2015,32(3):1-6.

[57] 徐淑英.负责任的商业和管理研究愿景 [J].管理学季刊,2018,3(4):9-20+153-154.

[58] 徐宇辰.中国装备制造业创新发展与国际借鉴的思考 [J].中国发展观察,2022(1):39-45.

[59] 许庆瑞.全面创新管理:理论与实践 [M].北京:科学出版社,2007.

[60] 许庆瑞.研究、发展与技术创新管理 [M].北京:高等教育出版社,2010.

[61] 闫华锋,仲伟俊.基于集成解决方案的复杂产品系统创新模型研究——智能电网调度技术支持系统案例研究 [J].研究与发展管理,2014,26(2):87-97.

[62] 闫华锋.复杂产品系统集成商创新体系研究 [D].南京:东南大学,2018.

[63] 杨瑾,王雪娇.模块化、知识流动与装备制造业集群企业创新绩效 [J].软科学,2019,33(12):47-52.

[64] 杨燕,高山行.基于知识观的三种自主创新模式的实证研究 [J].科学学研究,2010,28(4):626-634.

[65] 袁媛,张东生,王璐.高端装备制造企业复杂产品系统竞争优势形成机理研究 [J].河南社会科学,2019,27(8):92-99.

[66] 臧树伟,张娜娜.时机选择、追赶陷阱与企业能力重构 [J].科研管理,2021,42(9):87-93.

[67] 张光前,张米尔.基于系统观的技术集成过程模型研究 [J].管理科学,2008,21(4):31-36.

[68] 张米尔,田丹.从引进到集成:技术能力成长路径转变研究——"天花板"效应与中国企业的应对策略 [J].公共管理学报,

2008, 5（1）：84 – 90.

[69] 张省, 顾新, 张江甫. 基于动态能力的知识链知识优势形成：理论构建与实证研究 [J]. 情报理论与实践, 2012, 35（11）：34 – 38.

[70] 张文彤, 董伟. SPSS 统计分析高级教程：第 3 版 [M]. 北京：高等教育出版社, 2018.

[71] 张振, 张连营, 唐云吉. 跨职能集成创新的双向传导机制研究——基于多路径反馈视角 [J]. 软科学, 2018, 32（4）：12 – 15.

[72] 赵建华, 焦晗. 装备制造业企业技术集成能力及其构成因素分析 [J]. 中国软科学, 2007（6）：75 – 80.

[73] 邹十践. 以信息化带动我国装备制造业的发展 [J]. 建筑机械化, 2002（1）：24 – 25.

[74] ALAN, MACCORMACK, MARCO, et al. Intellectual Property, Architecture, and the Management of Technological Transitions：Evidence from Microsoft Corporation [J]. Journal of Product Innovation Management, 2009, 26（3）：248 – 263.

[75] ALLEN T, KATZ R, GRADY J J, et al. Project team aging and performance：The roles of project and functional managers [J]. R&D Management, 2010, 18（4）：295 – 308.

[76] ALMEIDA P, PHENE A. Subsidiaries and knowledge creation：the influence of the MNC and host country on innovation [J]. Strategic Management Journal, 2004, 25（8 – 9）：847 – 864.

[77] ANNE, PARMIGIANI, WILL, et al. Complementarity, capabilities, and the boundaries of the firm：the impact of within-firm and interfirm expertise on concurrent sourcing of complementary components [J]. Strategic Management Journal, 2009, 30（10）：1065 – 1091.

[78] ANTONIO K W L, RICHARD C M Y, TANG E. The complementarity of internal integration and product modularity: An empirical study of their interaction effect on competitive capabilities [J]. Journal of Engineering and Technology Management, 2009, 26 (4): 305 – 326.

[79] ATUAHENE – GIMA K, EVANGELISTA F. Cross-functional influence in new product development: An exploratory study of marketing and R&D perspectives [J]. Management Science, 2000, 46 (10): 1269 – 1284.

[80] BAKER W E, SINKULA J M. The Complementary Effects of Market Orientation and Entrepreneurial Orientation on Profitability in Small Businesses [J]. Journal of Small Business Management, 2010, 47 (4): 443 – 464.

[81] BALDWIN C, CLARK K. Design rules: The power of modularity [M]. Cambridge: MIT Press, 2000.

[82] BALDWIN C Y, CLARK K B. Managing in an age of modularity [J]. Harvard Business Review, 1997, 75 (5): 84 – 93.

[83] BALDWIN J R, HANEL P. Innovation and Knowledge Creation in an Open Economy [M]. UK: Cambridge University Press, 2003.

[84] BERNSTEIN B, SINGH P J. An integrated innovation process model based on practices of Australian biotechnology firms [J]. Technovation, 2006, 26 (5 – 6): 561 – 572.

[85] BEST M. The geography of systems integration [M] //PRENCIPE A, DAVIES A, HOBDAY M. The business of systems integration. New York: Oxford University Press, 2003: 201 – 228.

[86] BEST M. The new competitive advantage: the renewal of American industry [M]. New York: Oxford University Press, 2001.

［87］ BOCK G, KIM Y. Breaking the myths of rewards: An explora-tory study of attitudes about knowledge sharing ［J］. Information Resources Management Journal, 2002, 15 (2): 14 – 21.

［88］ BOSCH F A J V D, VOLBERDA H W, BOER M D. Coevolu-tion of Firm Absorptive Capacity and Knowledge Environment: Organiza-tional Forms and Combinative Capabilities ［J］. Organization Science, 1999, 10 (5): 551 – 568.

［89］ Brady T, Davies A. Building Project Capabilities: From Ex-ploratory to Exploitative Learning ［J］. Organization Studies, 2004, 25 (9): 1601 – 1621.

［90］ BRUSONI S, PRENCIPE A. Unpacking the Black Box of Mod-ularity: Technologies, Products and Organizations ［J］. Industrial and Corporate Change, 2001, 10 (1): 179 – 205.

［91］ BURKE J C, MACKENZIE S B, PODSAKOFF P M. A Crit-ical Review of Construct Indicators and Measurement Model Misspecification in Marketing and Consumer Research ［J］. Journal of Consumer Research, 2003 (2): 199 – 218.

［92］ CALANTONE R J, BENEDETTO A D, DIVINE R. Organi-sational, technical and marketing antecedents for successful new product development ［J］. R & D Management, 2010, 23 (4): 337 – 351.

［93］ CAVUSGIL S T. Advancing knowledge on emerging markets: Past and future research in perspective ［J］. International Business Review, 2021, 30 (2): 101796.

［94］ CESARONI F. Technological outsourcing and product diversifi-cation: do markets for technology affect firms' strategies? ［J］. Research Policy, 2004, 33 (10): 1547 – 1564.

［95］ CHATTERJI D. Accessing External Sources of Technology ［J］. Research Technology Management, 1996, 39 (2): 48 – 56.

［96］ CHEN Y – S, LIN M – J J, CHANG C – H. The positive effects of relationship learning and absorptive capacity on innovation performance and competitive advantage in industrial markets ［J］. Industrial Marketing Management, 2009, 38 (2): 152 – 158.

［97］ CHESBROUGH H, KUSUNOKI K. The Modularity Trap: Innovation, Technology Phase Shifts and the Resulting Limits of Virtual Organizations ［M］//NONAKA I, TEECE D J. Managing Industrial Knowledge: Creation, Transfer and Utilization. London: Sage Press, 2012: 202 – 230.

［98］ CHESBROUGH H, VANHAVERBEKE W, WEST J. Open innovation: Researching a new paradigm ［M］. New York: Oxford University Press, 2006.

［99］ CLAUDY M C, PETERSON M, PAGELL M. The Roles of Sustainability Orientation and Market Knowledge Competence in New Product Development Success ［J］. Journal of Product Innovation Management, 2016, 33: 72 – 85.

［100］ COCKBURN I M, HENDERSON R M. Absorptive capacity, coauthoring behavior, and the organization of research in drug discovery ［J］. Journal of Industrial Economics, 1998, 46 (2): 157 – 182.

［101］ COOPER R, KLEINSCHMIDT E. What makes a new product a winner: Success factors at the project level ［J］. R&D Management, 2010, 17 (3): 175 – 189.

［102］ COOPER R G, KLEINSCHMIDT E J. Benchmarking the Firms Critical Success Factors in New Product Development ［J］. Journal of

Product Innovation Management, 2016, 12 (5): 374 –391.

[103] DAVCIK N S. The use and misuse of structural equation modeling in management research: A review and critique [J]. Journal of advances in management research, 2014, 11 (1): 47 –81.

[104] DAVIES A , BRADY T , PRENCIPE A , et al. Innovation in Complex Products and Systems: Implications for Project – Based Organizing [J]. Advances in Strategic Management, 2011, 28 (4): 3 –26.

[105] DAVIES A, BRADY T. Organisational capabilities and learning in complex product systems: towards repeatable solutions [J]. Research Policy, 2000, 29 (7 –8): 931 –953.

[106] DAY G S . The dynamics of customer value propositions: An outside-in perspective [J]. Industrial marketing management, 2020, 87: 316 –319.

[107] DE LUCA L, ATUAHENE – GIMA K. Market knowledge dimensions and cross-functional collaboration: examining the different routes to product innovation performance [J]. Journal of Marketing, 2007, 71 (1): 95 –112.

[108] DOSI G, GRAZZI M. Technologies as problem-solving procedures and technologies as input-output relations: some perspectives on the theory of production [J]. Industrial and Corporate Change, 2006, 15 (1): 173 –202.

[109] DOSI G , NELSON R R . Technical Change and Industrial Dynamics as Evolutionary Processes [J]. Handbook of the Economics of Innovation, 2010, 1 (518): 51 –127.

[110] DROGE C, JAYARAM J, VICKERY S K. The effects of internal versus external integration practices on time-based performance and

overall firm performance [J]. Journal of Operations Management, 2004, 22 (6): 557 – 573.

[111] DURAND R. Firm Selection: An Integrative Perspective [J]. Organization Studies, 2001, 22 (3): 393 – 417.

[112] EASTON G . Critical realism in case study research [J]. Industrial Marketing Management, 2010, 39 (1): 118 – 128.

[113] EISENHARDT K M, FURR NR, BINGHAM C B. CROSS-ROADS—Microfoundations of Performance: Balancing Efficiency and Flexibility in Dynamic Environments [J] . Organization Science 2010, 21 (6): 1263 – 1273.

[114] EISENHARDT K M. Building Theories from Case Study Research [J]. The Academy of Management Review, 1989, 14 (4): 532 – 550.

[115] ERNST D. Limits to modularity: reflections on recent developments in chip design [J]. Industry and Innovation, 2005, 12 (3): 303 – 335.

[116] ESCRIBANO A, FOSFURI A, TRIBÓ JOSEP A. Managing external knowledge flows: The moderating role of absorptive capacity [J]. Research Policy, 2009, 38 (1): 96 – 105.

[117] ETHIRAJ S K, LEVINTHAL D. Modularity and innovation in complex systems [J]. Management Science, 2004, 50 (2): 159 – 173.

[118] FABRIZIO K R. Absorptive capacity and the search for innovation [J]. Research Policy, 2009, 38 (2): 255 – 267.

[119] FARIBORZ, DAMANPOUR, SHANTHI, et al. The Dynamics of the Adoption of Product and Process Innovations in Organizations [J]. Journal of Management Studies, 2001, 38 (1): 45 – 65.

［120］ FLECK J . Blended learning and learning communities： opportunities and challenges ［J］. Journal of Management Development， 2012， 31 （4）： 398 –411.

［121］ FORBES N， WIELD D. Managing R&D in technology-followers ［J］. Research Policy， 2000， 29 （9）： 1095 –1109.

［122］ FREEMAN C， SOETE L. Economics of industrial innovation ［M］. 3rd ed. Cambridge： MIT Press， 2012.

［123］ FUJIMOTO T . Product Integrity and the Role of Designer-as-Integrator ［J］. Design Management Review， 2010， 2 （2）： 29 –34.

［124］ FUMIO， KODAMA. MOT in transition： From technology fusion to technology-service convergence ［ J ］ . Technovation， 2014， 34 （9）： 505 –512.

［125］ GANN D M， SALTER A J. Innovation in project-based， service-enhanced firms： the construction of complex products and systems ［J］. Research Policy， 2000， 29 （7 –8）： 955 –972.

［126］ GARCA –MORALES V J， RUIZ –MORENO A， LLORENS –MONTES F J. Effects of Technology Absorptive Capacity and Technology Proactivity on Organizational Learning， Innovation and Performance： An Empirical Examination ［J］. Technology Analysis & Strategic Management， 2007， 19 （4）： 527 –558.

［127］ GARCIA –MORALES V J， RUIZ –MORENO A， LLORENS –MONTES F J. Effects of technology absorptive capacity and technology proactivity on organizational learning， innovation and performance： An empirical examination ［ J ］ . Technology Analysis & Strategic Management， 2007， 19 （4）： 527 –558.

［128］ GARUD R， KUMARASWAMY A. Technological and Organizational Designs for Realizing Economies of Substitution [J]. Strategic Management Journal, 2010, 16 (S1): 93 – 109.

[129] GASSMANN O, VON ZEDTWITZ M. New concepts and trends in international R&D organization [J]. Research Policy, 1999, 28 (2 – 3): 231 – 250.

[130] GEORGE G, et al. The effects of business-university alliances on innovative output and financial performance: a study of publicly traded biotechnology companies [J]. Journal of Business Venturing, 2002, 17 (6): 577 – 609.

[131] GRAEBNER E . Theory Building From Cases: Opportunities and Challenges [J]. Academy of Management Journal, 2007, 50 (1): 25 – 32.

[132] GRANSTRAND O , HOLGERSSON M . Innovation ecosystems: A conceptual review and a new definition [J]. Technovation, 2020, 90 – 91: 1 – 12.

[133] GRANSTRAND O . Towards a Theory of Innovation Governance and the Role of IPRs [J]. GRUR International, 2020, 69 (4): 341 – 354.

[134] GRIFFIN A, PAGE A L. An interim report on measuring product development success and failure [J]. Journal of Product Innovation Management, 2010, 10 (4): 291 – 308.

[135] HANSEN K L, RUSH H. Hotspots in complex product systems: emerging issues in innovation management [J] . Technovation, 1998, 18 (8 – 9): 555 – 561.

[136] HANS GEORG GEMÜNDEN. Project Governance and Sustainability – Two Major Themes in Project Management Research and Practice

[J]. Project Management Journal, 2016, 47 (6): 3 –6.

[137] HARHOFF D, HENKEL J, VON HIPPEL E. Profiting from voluntary information spillovers: how users benefit by freely revealing their innovations [J]. Research Policy, 2003, 32 (10): 1753 –1769.

[138] HELFAT C E , RAUBITSCHEK R S . Dynamic and integrative capabilities for profiting from innovation in digital platform-based ecosystems [J]. Research Policy, 2018, 47 (8): 1391 –1399.

[139] HENDERSON R . Innovation in the 21st Century: Architectural Change, Purpose, and the Challenges of Our Time [J]. Management Science, 2021, 67 (9): 5479 –5488.

[140] HENDERSON R M, CLARK K B. Architectural Innovation: The Reconfiguration of Existing Product Technologies and the Failure of Established Firms [J]. Administrative Science Quarterly, 1990, 35 (1): 9 –30.

[141] HOBDAY, MIKE, HAMEDI, et al. Latecomer firm strategies in complex product systems (CoPS): The case of Iran's thermal electricity generation systems [J]. Research Policy, 2015, 44 (6): 1240 – 1251.

[142] HOBDAY M, DAVIES A, PRENCIPE A. Systems integration: a core capability of the modern corporation [J]. Industrial and Corporate Change, 2005, 14 (6): 1109 –1143.

[143] Hobday M. Product complexity, innovation and industrial organisation [J]. Research Policy, 1998, 26 (6): 689 –710.

[144] HOFER A , BRANDL F , BAUER H , et al. A Framework for Managing Innovation Cycles in Manufacturing Systems [J]. Procedia CIRP, 2020, 93: 771 –776.

[145] HONG Y, HARTLEY J L. Managing the supplier-supplier in-

terface in product development: the moderating role of technological new-
ness [J]. Journal of Supply Chain Management. 2011, 47 (3): 43 –
62.

[146] IANSITI M, WEST J. From physics to function: An empirical
study of research and development performance in the semiconductor industry
[J]. Journal of Product Innovation Management, 1999, 16 (4): 385 –
399.

[147] IANSITI M. Technology integration: Making critical choices in
a dynamic world [M]. Boston: Harvard Business School Press, 1998.

[148] IMMELT J, GOVINDARAJAN V, TRIMBLE C. How GE is
disrupting itself [J]. Harvard Business Review, 2009, 87 (10): 8 +
56 – 65.

[149] JAYACHANDRAN S, BEARDEN W. Market Orientation: A
Meta – Analytic Review and Assessment of its Antecedents and Impact on
Performance [J]. Journal of Marketing, 2005, 69 (2): 24 – 41.

[150] JOE T, JOHN B, KEITH P. Managing innovation: Integra-
ting technological, market and organizational change [M]. 3rd ed. Chich-
ester: John Wiley, 1997.

[151] KAHN K B. Market orientation, interdepartmental integration,
and product development performance [J]. Journal of Product Innovation
Management, 2001, 18 (5): 314 – 323.

[152] KASH D E, RYCROFT R. Emerging patterns of complex
technological innovation [J]. Technological Forecasting and Social Change,
2002, 69 (6): 581 – 606.

[153] KELLER W. Absorptive capacity: On the creation and acqui-
sition of technology in development [J]. Journal of Development Econom-

ics, 1996, 49 (1): 199 –227.

[154] KIM L. Crisis construction and organizational learning: Capability building in catching-up at Hyundai Motor [J]. Organization Science, 1998, 9 (4): 506 –521.

[155] KLEINSCHMIDT E J, BRENTANI U D, SALOMO S. Performance of Global New Product Development Programs: A Resource – Based View [J]. Journal of Product Innovation Management, 2010, 24 (5): 419 –441.

[156] KOTTER J P. Seizing opportunities and dodging threats with a dual operating system [J]. Strategy & Leadership, 2014, 42 (6): 10 – 12.

[157] KRIKKE H, BLANC L L, VELDE S V D. Product modularity and the design of closed-loop supply chains [J]. California Management Review, 2004, 46 (2): 23 –39.

[158] LAKHANI K, PANETTA J. The Principles of Distributed Innovation [J]. Innovations: Technology, Governance, Globalization, 2007, 2 (3): 97 –112.

[159] LANE P J, KOKA B R, PATHAK S. The reification of absorptive capacity: A critical review and rejuvenation of the construct [J]. Academy of Management Review, 2006, 31 (4): 833 –863.

[160] LANGLOIS R N. Modularity in technology and organization [J]. Journal of Economic Behavior & Organization, 2002, 49 (1): 19 –37.

[161] LEAVY, B. Stefan Thomke: The power of experimentation in the digital era [J]. Strategy & Leadership, 2020, 48 (4): 3 –10.

[162] LIN C, TAN B, CHANG S. The critical factors for technology

absorptive capacity [J]. Industrial Management and Data Systems, 2002, 102 (6): 300 - 3088.

[163] LIN Y, WU L Y. Exploring the role of dynamic capabilities in firm performance under the resource-based view framework [J]. Journal of Business Research, 2014, 67 (3): 407 - 413.

[164] LI T, CAVUSGIL S. Decomposing the effects of market knowledge competence in new product export [J]. European Journal of Marketing, 2000, 34 (1/2): 57 - 79.

[165] LI T, CAVUSGIL S. Measuring the dimensions of market knowledge competence in new product development [J]. European Journal of Innovation Management, 1999, 2 (3): 129 - 145.

[166] LOCH C, TAPPER S. Implementing a strategy-driven performance measurement system for an applied research group [J]. Journal of Product Innovation Management, 2002, 19 (3): 185 - 198.

[167] LUNDVALL B. Product innovation and economic theory-user-producer interaction in the learning economy [J]. Research on Technological Innovation, 2004, 10: 101 - 128.

[168] LUO X, SLOTEGRAAF R, PAN X. Cross - Functional Coopetition: The Simultaneous Role of Cooperation and Competition within Firms [J]. Journal of Marketing, 2006, 70 (2): 67 - 80.

[169] MARSH S J, STOCK G N. Building dynamic capabilities in new product development through intertemporal integration [J]. Journal of Product Innovation Management, 2003, 20 (2): 136 - 148.

[170] MARSILI O, VERSPAGEN B. Technology and the dynamics of industrial structures: an empirical mapping of Dutch manufacturing [J]. Industrial and Corporate Change, 2002, 11 (4): 791 - 815.

[171] MIKKOLA J. Capturing the degree of modularity embedded in product architectures [J]. Journal of Product Innovation Management, 2006, 23 (2): 128 – 146.

[172] MIKKOLA J H, GASSMANN O. Managing modularity of product architectures: toward an integrated theory [J]. Engineering Management, IEEE Transactions on, 2003, 50 (2): 204 – 218.

[173] MIKKOLA J H. Modularity, component outsourcing, and inter-firm learning [J]. R & D Management, 2010, 33 (4): 439 – 454.

[174] MONTOYA – WEISS M M, CALANTONE R J. Determinants of New Product Performance: A Review and Meta – Analysis [J]. Journal of Product Innovation Management, 2010, 11 (5): 397 – 417.

[175] MOWERY D C, OXLEY J E, SILVERMAN B S. Strategic alliances and interfirm knowledge transfer [J]. Strategic Management Journal, 2015, 17 (S2): 77 – 91.

[176] MOWERY D C. Learning from one another? International policy "emulation" and university-industry technology transfer [J]. Industrial & Corporate Change, 2011 (6): 1827 – 1853.

[177] MUROVEC N, PRODAN I. Absorptive capacity, its determinants, and influence on innovation output: Cross-cultural validation of the structural model [J]. Technovation, 2009, 29 (12): 859 – 872.

[178] NARVER J C, SLATER S F, MACLACHLAN D L. Responsive and Proactive Market Orientation and New – Product Success* [J]. Journal of Product Innovation Management, 2004, 21 (5): 334 – 347.

[179] NONAKA I, BYOSIERE P, BORUCKI C C, et al. Organizational knowledge creation theory: A first comprehensive test [J].

International Business Review, 2011, 3 (4): 337 - 351.

[180] Organisation for Economic Co - Operation and Development. Oslo Manual: Guidelines for collecting and interpreting innovation data [M]. 3rd ed. Paris: OECD EUROSTAT, 2005.

[181] ORIHATA M, WATANABE C. The interaction between product concept and institutional inducement: a new driver of product innovation [J]. Technovation, 2000, 20 (1): 11 - 23.

[182] PAOLI M, PRENCIPE A. The Role of Knowledge Bases in Complex Product Systems: Some Empirical Evidence from the Aero Engine Industry [J]. Journal of Management and Governance, 1999, 3 (2): 137 - 160.

[183] PARTHASARTHY R, HAMMOND J. Product innovation input and outcome: moderating effects of the innovation process [J]. Journal of Engineering and Technology Management, 2002, 19 (1): 75 - 91.

[184] PATANAKUL P. How to Achieve Effectiveness in Project Portfolio Management [J]. IEEE Transactions on Engineering Management, 2022, 69 (4): 987 - 999.

[185] PATTON M Q. Qualitative methods and approaches: What are they? [J]. New Directions for Institutional Research, 2006, 1982 (34): 3 - 15.

[186] PETRONI G, VERBANO C, BIGLIARDI B, et al. Strategies and determinants for successful space technology transfer [J]. Space Policy, 2013, 29 (4): 251 - 257.

[187] PHILLIPS F. Market-oriented Technology Management: Innovating for Profit in Entrepreneurial Times [M]. New York: Springer, 2001.

［188］ PIL F K, COHEN S K. Modularity: implications for imita-tion, innovation, and sustained advance ［J］. Academy of Management Review, 2006, 31 (4): 995 – 1011.

［189］ PISANO G P. Knowledge, Integration, and the Locus of Learn-ing: An Empirical Analysis of Process Development ［J］. Strategic Manage-ment Journal, 2010, 15 (S1): 85 – 100.

［190］ PRAHALAD C K, RAMASWAMY V . Co-creation experi-ences: The next practice in value creation ［J］. Journal of Interactive Mar-keting, 2010, 18 (3): 5 – 14.

［191］ PRENCIPE A. Breadth and depth of technological capabilities in CoPS: the case of the aircraft engine control system ［J］. Research Poli-cy, 2000, 29 (7 – 8): 895 – 911.

［192］ PRENCIPE A. Technological competencies and product's evo-lutionary dynamics a case study from the aero-engine industry ［J］. Re-search Policy, 1997, 25 (8): 1261 – 1276.

［193］ RAGATZ G L, et al. Success Factors for Integrating Suppliers into New Product Development ［J］. Journal of Product Innovation Manage-ment, 2003, 14 (3): 190 – 202.

［194］ RANFT A, LORD M. Acquiring new technologies and capa-bilities: a grounded model of acquisition implementation ［J］. Organization Science, 2002, 13 (4): 420 – 441.

［195］ RANJBAR M S, PARK T Y, GHAZINOORI S, et al. Multi-level drivers of catching up in complex product systems: an Iranian gas turbine producer ［J］. Journal of Science and Technology Policy Man-agement, 2019, 11 (1): 85 – 106.

［196］ RM GRANT. Reflections on knowledge-based approaches to the organization of production [J]. Journal of Management & Governance, 2013, 17 (3): 541 – 558.

[197] ROBERTS E B. Benchmarking global strategic management of technology [J]. Research – Technology Management, 2001, 44 (2): 25 – 36.

[198] ROBERTSON P L, CASALI G L, JACOBSON D. Managing open incremental process innovation: Absorptive Capacity and distributed learning [J]. Research Policy, 2012, 41 (5): 822 – 832.

[199] ROBSON S, HAIGH G. First findings from the UK Innovation Survey 2007 [J]. Economic and Labour Market Review, 2008, 2 (4): 47 – 53.

[200] ROGERS E M. Diffusion of Innovations [M]. 5th ed. New York: Free Press, 2003.

[201] ROSENZWEIG E D, ROTH A V, DEAN J W. The influence of an integration strategy on competitive capabilities and business performance: An exploratory study of consumer products manufacturers [J]. Journal of Operations Management, 2003, 21 (4): 437 – 456.

[202] ROTHWELL R. Towards the fifth generation innovation process [J]. International Marketing Review, 1994, 11 (1): 7 – 31.

[203] SADIKAJ G, WRIGHT A, DUNKLEY D M, et al. Multi-level structural equation modeling for intensive longitudinal data: A practical guide for personality researchers [J]. The Handbook of Personality Dynamics and Processes, 2021: 855 – 885.

[204] SAKO M. Modularity and outsourcing: the nature of co-evolution of product architecture and organization architecture in the global automotive industry [M]//PRENCIPE A, DAVIES A, HOBDAY M. The

business of systems integration. New York: Oxford University Press, 2003: 229 – 253.

[205] SANCHEZ A M . R&D Project Selection Strategy: an empirical study in Spain [J]. R & D Management, 2010, 19 (1): 63 – 68.

[206] SANCHEZ R. Modular architectures, knowledge assets and organisational learning: new management processes for product creation [J]. International Journal of Technology Management, 2000, 19 (6): 610 – 629.

[207] SANTAMARÍAA L, NIETOB M J, BARGE – GIL A. Beyond formal R&D: Taking advantage of other sources of innovation in low-and medium-technology industries [J]. Research Policy, 2009, 38 (3): 507 – 517.

[208] SCHAUFELI W B , BAKKER A B , RHENEN W V . Future time perspective and group performance among students: Role of student engagement and group cohesion [J]. John Wiley & Sons, Ltd, 2020, 30 (7): 893 – 917.

[209] SCHILLING M A. Toward a general modular systems theory and its application to interfirm product modularity [J]. Academy of Management Review, 2000, 25 (2): 312 – 334.

[210] SCOTT J T. Absorptive capacity and the efficiency of research partnerships [J]. Technology Analysis & Strategic Management, 2003, 15 (2): 247 – 253.

[211] SHERMAN J D , BERKOWITZ D , SOUDER W E . New Product Development Performance and the Interaction of Cross – Functional Integration and Knowledge Management [J]. Journal of Product Innovation Management, 2010, 22 (5): 399 – 411.

［212］SHERMAN J D, SOUDER W E, JENSSEN S A. Differential effects of the primary forms of cross functional integration on product development cycle time ［J］. Journal of Product Innovation Management, 2000, 17 (4): 257 – 267.

［213］SHOOK C, KETCHEN D, HULT G. An assessment of the use of structural equation modeling in strategic management research ［J］. Strategic Management Journal, 2004, 25 (4): 397 – 404.

［214］SIVADASF E, DWYER R. An Examination of Organizational Factors Influencing New Product Success in Internal and Alliance – Based Processes ［J］. Journal of Marketing, 2013, 64 (1): 31 – 49.

［215］SLATER S F , NARVER J C . Intelligence and Superior Customer Value ［J］. Journal of the Academy of Marketing Science, 2012, 28 (1): 120 – 127.

［216］SLOWINSKI G, STANTON S, TAO J. Acquiring external technology ［J］. Research Technology Management, 2000, 43 (5): 29 – 35.

［217］SOSA M E , EPPINGER S D , ROWLES C M . A Network Approach to Define Modularity of Components in Complex Products ［J］. Journal of Mechanical Design, 2007, 129 (11): 1118 – 1129.

［218］SOUDER W, JENSSEN S. Management practices influencing new product success and failure in the United States and Scandinavia: a cross-cultural comparative study ［J］. Journal of Product Innovation Management, 1999, 16 (2): 183 – 203.

［219］STEFANO BRUSONI A P. Managing Knowledge in Loosely Coupled Networks: Exploring the Links between Product and Knowledge Dynamics ［J］. Journal of Management Studies, 2001, 38 (7): 1019 –

1035.

[220] SWAN K, ALLRED B. A product and process model of the technology-sourcing decision [J]. Journal of Product Innovation Management, 2003, 20 (6): 485 – 496.

[221] SWINK M, NARASIMHAN R, WANG C. Managing beyond the factory walls: Effects of four types of strategic integration on manufacturing plant performance [J]. Journal of Operations Management, 2007, 25 (1): 148 – 164.

[222] TAE – YOUNG P. How a latecomer succeeded in a complex product system industry: three case studies in the Korean telecommunication systems [J]. Industrial & Corporate Change, 2013 (2): 363 – 396.

[223] TAJUDEEN F P, JAAFAR N I, SULAIMAN A. External Technology Acquisition and External Technology Exploitation: The Difference of Open Innovation Effects [J]. Journal of Open Innovation: Technology, Market, and Complexity, 2019, 5 (4): 1 – 18.

[224] THOMKE S, FUJIMOTO T. The effect of front-loading problem-solving on product development performance [J]. Journal of Product Innovation Management, 2000, 17 (2): 128 – 142.

[225] TIDD J, TREWHELLA M J. Organizational and technological antecedents for knowledge acquisition and learning [J]. R & D Management, 2010, 27 (4): 359 – 375.

[226] TSAI K – H, WANG J – C. External technology acquisition and firm performance: A longitudinal study [J]. Journal of Business Venturing, 2008, 23 (1): 91 – 112.

[227] TSAI K – H, WANG J – C. External technology sourcing and innovation performance in LMT sectors: An analysis based on the Taiwan-

ese Technological Innovation Survey [J]. Research Policy, 2009, 38 (3): 518 – 526.

[228] TSAI W P. Knowledge transfer in intraorganizational networks: Effects of network position and absorptive capacity on business unit innovation and performance [J]. Academy of Management Journal, 2001, 44 (5): 996 – 1004.

[229] TSUI A S. Contextualization in Chinese Management Research [J]. Management and Organization Review, 2006, 2 (1): 1 – 13.

[230] ULRICH K, EPPINGER S. Product design and development [M]. 7th ed. New York: McGraw – Hill, 2019.

[231] VAN DER VEGT G, BUNDERSON J. Learning and performance in multidisciplinary teams: The importance of collective team identification [J]. Academy of Management Journal, 2005, 48 (3): 532 – 547.

[232] VEUGELERS R, CASSIMAN B. Make and buy in innovation strategies: evidence from Belgian manufacturing firms [J]. Research Policy, 1999, 28 (1): 63 – 80.

[233] WEST J, IANSITI M. Experience, experimentation, and the accumulation of knowledge: the evolution of R&D in the semiconductor industry [J]. Research Policy, 2003, 32 (5): 809 – 825.

[234] WINTER S G, SZULANSKI G, RINGOV D, et al. Reproducing Knowledge: Inaccurate Replication and Failure in Franchise Organizations [J]. Organization Science, 2012, 23 (3): 672 – 685.

[235] WOICESHYN J, DAELLENBACH U. Integrative capability and technology adoption: evidence from oil firms [J]. Industrial and Corporate Change, 2005, 14 (2): 307 – 342.

［236］ WORREN N, MOORE K, CARDONA P. Modularity, strate-gic flexibility, and firm performance: a study of the home appliance indus-try ［J］. Strategic Management Journal, 2002, 23 (12): 1123 – 1140.

［237］ YALCINKAYA G , CALANTONE R J , GRIFFITH D A . An examination of exploration and exploitation capabilities: Implications for product innovation and market performance abstract ［J］. Journal of Interna-tional Marketing, 2007, 15 (4): 63 – 93.

［238］ YE J , MARINOVA D , SINGH J . Bottom-up learning in mar-keting frontlines: conceptualization, processes, and consequences ［J］. Journal of the Academy of Marketing Science, 2012, 40 (6): 821 – 844.

［239］ YIN R K. Case Study Research: Design and Methods ［M］. London: Sage Publications, 2013.

［240］ ZAHRA S A, GEORGE G. Absorptive Capacity: A Review, Reconceptualization, and Extension ［J］. The Academy of Management Re-view, 2002, 27 (2): 185 – 203.

［241］ ZAHRA S A, NIELSEN A P. Sources of Capabilities, Inte-gration and Technology Commercialization ［J］. Strategic Management Jour-nal, 2002, 23 (5): 377 – 398.

［242］ ZHAO X, HUO B, SELEN W. The impact of internal integra-tion and relationship commitment on external integration ［J］. Journal of Operations Management, 2011, 29 (1/2): 17 – 32.